Min Fader vil give jer i mit navn

Dr. Jaerock Lee

Min Fader vil give jer i mit navn af Dr. Jaerock Lee
Udgiver af Urim Books (Repræsentant: Kyungtae Noh)
73, Yeouidaebang-ro 22-gil, Dongjak-gu, Seoul, Korea
www.urimbooks.com

Alle rettigheder er reserveret. Denne bog eller dele heraf må ikke reproduceres, lagres eller transmitteres på nogen måde, hverken elektronisk, mekanisk, som kopi eller båndoptagelse uden skriftlig tilladelse fra udgiveren.

Medmindre andet bemærkes er alle citater fra Bibelen, Det Danske Bibleselskab, 1997.

Copyright © 2017 ved Dr. Jaerock Lee
ISBN: 979-11-263-0359-5 03230
Oversættreses Copyright © 2011 ved Dr. Esther K. Chung, Brugt med tilladelse.

Tidligere udgiver på koreansk af Urim Books i 1990

Første udgivelse: September, 2017

Redigeret af Dr. Geumsun Vin
Design: Redaktionsbureauet ved Urim Books
Tryk: Yewon Printing Company
For ydeligere information: urimbook@hotmail.com

*"Sandelig, sandelig siger jeg jer:
Beder I Faderen om noget i mit navn, skal han give jer det.
Indtil nu har I ikke bedt om noget i mit navn.
Bed, og I skal få, så jeres glæde kan være fuldkommen."*
(Johannesevangeliet 16:23-24)

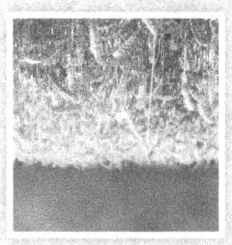

En kommentar til udgivelsen

*"Sandelig, sandelig siger jeg jer:
Beder I Faderen om noget i mit navn, skal han give jer det"*
(Johannesevangeliet 16:23).

Kristendommen er en tro, hvor folk møder den levende Gud og oplever hans gerning gennem Jesus Kristus.

Gud er almægtig, og han har skabt himlen og jorden, og hersker over menneskehedens historie samt menneskets liv, død, forbandelse og velsignelse. Han besvarer sine børns bønner og ønsker, at de skal leve velsignede liv, sådan som det passer sig for Guds børn.

Alle, som er sande børn af Gud, bærer den autoritet med sig, som de har fået af Gud. Med denne autoritet bør man leve et liv, hvor alt er muligt, man bør ikke mangle noget, og man bør nyde sine velsignelser uden at have nogen form for misundelse eller jalousi overfor andre mennesker. Man forherliger Gud gennem et liv i styrke og succes.

For at nyde et så velsignet liv må man for alvor forstå loven i det spirituelle rige vedrørende Guds svar, for så kan man få alt, hvad man beder om i Jesu Kristi navn.

Dette værk er en samling af prædikener til alle troende, særligt dem som tror på den almægtige Gud hinsides al tvivl, og som ønsker at leve et liv fuldt af Guds svar.

Må dette værk *Min Fader vil give jer i mit navn* være en vejledning, som fører alle læsere til at blive opmærksomme på den spirituelle lov vedrørende Guds svar, og som gør det muligt for dem at få alt, de beder om. Det beder jeg om i Jesu Kristi navn!

Jeg takker og ærer Gud, for at han har ladet denne bog udgive til udbredelse af hans dyrebare ord, og jeg vil gerne udtrykke min taknemmelighed overfor alle de mennesker, som har arbejdet hårdt for at få det til at lykkes.

Jaerock Lee

Indholdsfortegnelse

Min Fader vil give jer i mit navn

En kommentar til udgivelsen

Kapitel 1
Metoder til at få Guds svar   1

Kapitel 2
Vi må stadig bede ham   15

Kapitel 3
Den spirituelle lov om Guds svar   23

Kapitel 4
Ødelæg syndens mur   35

Kapitel 5
Man høster, som man sår   47

Kapitel 6
Elias får Guds svar med ild   61

Kapitel 7
Hjertets ønsker opfyldes   71

Kapitel 1

Metoder til at få Guds svar

Kære børn,
lad os ikke elske med ord eller tunge,
men i gerning og sandhed.
Deraf kan vi vide, at vi er af sandheden,
og over for ham kan vi bringe vort hjerte til ro,
hvad end vort hjerte fordømmer os for;
thi Gud er større end vort hjerte og kender alt.
Mine kære, hvis vort hjerte ikke fordømmer os,
har vi frimodighed over for Gud,
og hvad vi end beder om, får vi af ham,
fordi vi holder hans bud og gør det,
som behager ham.

Første Johannesbrev 3:18-22

For Guds børn er det en kilde til stor glæde, at den almægtige Gud lever, besvarer deres bønner, og arbejder for altings bedste. Folk, som har tiltro til dette, beder ihærdigt, sådan at de kan få alt, de bønfalder Gud om og forherlige ham af hjertets grund.

I Første Johannesbrev 5:14 står der: *"Og dette er den frimodighed, vi har overfor ham: at hvis vi beder om noget, som er efter hans vilje, hører han os."* Dette vers minder os om, at når vi beder i overensstemmelse med Guds vilje, har vi ret til at få hvad som helst fra ham. Uanset hvor ond en forældre må være, så vil vedkommende ikke give sin søn en sten, når han beder om et brød, og hvis han beder om en fisk, vil forældrene ikke give ham en slange. Så hvad skulle afholde Gud fra at give sine børn gode gaver, når de beder ham om dem?

Da den kana'anæiske kvinde i Matthæusevangeliet 15:21-28 kom til Jesus, fik hun ikke kun svar på sin bøn, men også på hendes hjertes ønsker. Selv om hendes datter led under en frygtelig dæmonbesættelse, bad denne kvinde Jesus om at helbrede datteren, fordi hun troede på, at alt er. muligt for den, som tror. Og hvad mon Jesus gjorde for denne ikke-jødiske kvinde, som bad for sin datters helbredelse uden at give op? Som vi ser i Johannesevangeliet 16:23: *"Den dag skal I ikke spørge mig om noget. Sandelig, sandelig siger jeg jer: Beder I Faderen om noget i mit navn, skal han give jer det."* Da Jesus så kvindens tro, gav han hende straks det, hun bad om: *"Kvinde, din tro er stor. Det skal ske dig, som du vil"* (Matthæusevangeliet 15:28).

Hvor er Guds svar dog vidunderligt og sødt! Hvis vi tror på den levende Gud, må vi, som er hans børn, forherlige ham ved at få alt, vi beder om. Lad os undersøge, hvordan vi kan få Guds svar, med udgangspunkt i det tekststykke, som dette kapitel er baseret på.

1. Vi må tro på Gud, som lover at svare os

I Bibelen lover Gud os gentagne gange, at han vil besvare vores forespørgsler og bønner. Så når vi ikke tvivler på dette løfte, kan vi bede ihærdigt og få alt, som vi beder Gud om.

I Fjerde Mosebog 23:19 står der: *"Gud er ikke et menneske, så han lyver, et menneskebarn, så han angrer. Når han har sagt noget, gør han det; når han har lovet noget, lader han det ske."* Og i Matthæusevangeliet 7:7-8 lover Gud os: *"Bed, så skal der gives jer; søg, så skal I finde; bank på, så skal der lukkes op for jer. For enhver, som beder, får; og den, som søger, finder; og den, som banker på, lukkes der op for."*

I hele Bibelen er der utallige henvisninger til Guds løfte om, at han vil svare os, hvis vi beder i overensstemmelse med hans vilje. Her er der nogle eksempler:

"Derfor siger jeg jer: Alt, hvad I beder og bønfalder om, det skal I tro, at I har fået, og så får I det" (Markusevangeliet 11:24).

"Hvis I bliver i mig, og mine ord bliver i jer, så bed om, hvad I vil, og I skal få det" (Johannesevangeliet 15:7).

"Hvad I end beder om i mit navn, det vil jeg gøre, for at Faderen må blive helliggjort i Sønnen" (Johannesevangeliet 14:13).

"Råber I til mig, og går I hen og beder til mig, vil jeg høre jer. Søger I mig, skal I finde mig. Når I søger mig af hele jeres hjerte, er jeg at finde, siger Herren" (Jeremias' Bog 29:12-13).

"Råb til mig på nødens dag, så vil jeg udfri dig, og du skal ære mig" (Salmernes Bog 50:15).

Dette løfte fra Gud findes igen og igen i både det Gamle og det Nye Testamente. Selv om der kun havde været ét vers, som indeholdt dette løfte, så ville vi holde fast i det og bede om at få Guds svar. Men når dette løfte ses utallige gange i hele Bibelen, så må vi tro på, at Gud lever, og at hans gerninger er de samme i går og i dag og til evig tid (Hebræerbrevet 13:8).

Bibelen fortæller os desuden om mange velsignede mænd og kvinder, som troede på Guds ord, bad, og fik hans svar. Vi bør efterligne denne tro og disse menneskers hjerte, og leve vore egne liv på en måde som gør, at vi altid vil få hans svar.

I Markusevangeliet 2:1-12 siger Jesus til den lamme: *"Dine synder tilgives dig. [...] Rejs dig, tag din båre, og gå hjem."* Og den lamme rejste sig, tog straks båren og forlod stedet for øjnene af dem alle sammen, så de blev helt ude af sig selv og priste Gud.

I Matthæusevangeliet 8:5-13 kom en officer til Jesus, fordi hans tjener lå lammet derhjemme og led forfærdeligt. Han bad Jesus: *"Sig blot et ord, så vil min tjener blive helbredt"* (v. 8). Og vi ser, at da Jesus svarede ham: *"Gå, det skal ske dig, som du troede"*, blev tjeneren helbredt i samme time (v. 13).

I Markusevangeliet 1:40-42 kom en spedalsk til Jesus, faldt på knæ og bad: *"Hvis du vil, kan du gøre mig ren"* (v. 40). Og Jesus ynkedes over ham, rakte hånden ud og rørte ved ham med ordene: *"Jeg vil, bliv ren!"* (v. 41) Og straks forlod spedalskheden ham, og han blev helbredt.

Gud lader alle mennesker få hvad som helst, de beder om i Jesu Kristi navn. Han vil, at alle mennesker skal tro på ham og hans løfte om svar; at de skal bede med et uforanderligt hjerte uden at give op og blive hans velsignede børn.

2. Typer af bønner som Gud ikke besvarer

Når folk tror og beder i overensstemmelse med Guds vilje, lever ved hans ord og dør ligesom en hvedekerne, vil Gud bemærke deres hjertes hengivenhed, og besvare deres bønner. Men hvis der er personer, som ikke får Gud svar, selv om de beder, hvad kan så være årsagen til det? Der er mange mennesker i Bibelen, som ikke får svar, selv om de beder. Vi vil nu undersøge, hvorfor disse mennesker ikke fik svar, sådan at vi kan opdage, hvordan vi selv kan sikre os hans svar.

For det første siger Gud, at han ikke vil besvare vores bønner, hvis vi huser synder i vores hjerte. I Salmernes Bog 66:18 står der: *"Havde jeg haft ondt i sinde, ville Herren ikke have hørt mig."* Og i Esajas' Bog 59:1-2 mindes vi om: *"Herrens arm er ikke for kort til at frelse, hans ører er ikke for døve til at høre. Nej, det er jeres synder, der skiller jer fra jeres Gud; jeres overtrædelser skjuler hans ansigt, så han ikke kan høre jer."* For den fjendtlige djævel vil opsnappe vores bønner på grund af vores synder, så de bliver hængende i luften og ikke når Guds trone.

For det andet vil Gud ikke svare os, hvis vi beder under en uoverensstemmelse med vores brødre. For vores himmelske Fader vil ikke tilgive os, med mindre vi tilgiver vores brødre af hjertets grund (Matthæusevangeliet 18:35), og så kan vores bønner hverken nå frem til Gud eller blive besvaret.

For det tredje vil Gud heller ikke svare os, hvis vi beder for at tilfredsstille vores lyster. Hvis vi ikke tager højde for hans herlighed, men i stedet beder i overensstemmelse med den syndefulde naturs lyster, og bruger de goder, vi har fået af ham, til egen glæde, så vil han ikke svare os (Jakobs Brev 4:2-3). Det svarer til, at en far vil give sin datter lommepenge, når hun beder om det, hvis hun er lydig og studerer flittigt. Men hvis hun er ulydig og ikke bryder sig om at studere, vil faderen enten modsætte sig at give hende lommepenge, eller også vil han være bekymret for, at hun bruger dem til de forkerte formål. På samme måde kan Gud ikke besvare vores bønner, hvis vi beder om noget med forkerte motiver eller til tilfredsstillelse af vores syndefulde natur, for det kan føre os på ødelæggelsens vej.

For det fjerde må vi hverken tilbede eller påkalde os afguder (Jeremias' Bog 11:10-11). For Gud afskyr afguder mere end noget andet, og vi bør kun bede for sjælenes frelse. Enhver anden bøn eller forespørgsel til afguder vil derfor ikke blive besvaret.

For det femte vil Gud ikke besvare bønner, som er fulde af tvivl, for vi kan kun få svar fra Herren, når vi tror uden tvivl (Jakobsbrevet 1:6-7). Jeg er sikker på, at mange af læserne har set, hvordan uhelbredelige sygdomme er blevet helbredt, eller hvordan uløselige problemer er blevet løst, når folk har bed Gud om hjælp. Gud har sagt til os: *"Sandelig siger jeg jer: Den, der siger til dette bjerg: Løft dig op og styrt dig i havet! Og som ikke tvivler i sit hjerte, men tror, at det, han siger, vil ske, for ham sker det"* (Markusevangeliet 11:23). Man bør vide, at en bøn, som er fyldt af tvivl, ikke kan blive besvaret, og det er kun bønner, som er i overensstemmelse med Guds vilje, der vil give en ubenægtelig fornemmelse af sikkerhed.

For det sjette vil vores bønner ikke blive besvaret, hvis ikke vi adlyder Guds befalinger. Når vi adlyder Guds bud og handler på en måde, som behager ham, kan vi have frimodighed overfor Gud og få hvad som helst fra ham, vi beder om (Første Johannesbrev 3:21-22). I Ordsprogenes Bog 8:17 står der: *"Jeg elsker dem, der elsker mig, og de, der søger mig, finder mig."* Bønner fra mennesker, som adlyder Guds befalinger i deres kærlighed til ham, vil helt sikkert blive besvaret (Første Johannesbrev 5:3).

For det syvende kan vi ikke få Guds svar uden at så. I Galaterbrevet 6:7 står der: *"Far ikke vild! Gud lader sig ikke spotte. Hvad et menneske sår, skal det også høste."* Og i Andet Korintherbrev 9:6 står der: *"For husk, at den, der sår sparsomt, også skal høste sparsomt, og den, der sår rigeligt, skal også høste rigeligt."* Man kan ikke høste uden at så. Hvis man sår med sin bøn, vil sjælen trives; hvis man sår med sine donationer, vil man få økonomiske velsignelser; hvis man sår med sin gerning, vil man få det gode helbreds velsignelse. Sammenfattende må man så det, man ønsker at høste, og så tilstrækkeligt til at modtage Guds svar.

Ud over de ovenstående betingelser må det nævnes, at hvis

folk ikke beder i Jesu Kristi navn, eller hvis de ikke beder af hjertets grund, eller hvis de sludrer i deres bønner, så vil bønnerne ikke blive besvaret. Hvis der er ufred mellem mand og kone (Første Petersbrev 3:7) eller hvis folk er ulydige, vil de ikke få Guds svar.

Vi må altid huske, at de ovenstående forhold kan skabe en mur, som skiller os fra Gud. Han vil vende ansigtet bort fra os og undlade at besvare vores bønner. Derfor bør vi først og fremmest søge Guds rige og retfærdighed, kalde på han for at opnå hjertes ønsker og altid få hans svar ved at holde ved med fast tro indtil det sidste.

3. Hemmeligheden bag at få svar på vores bønner

I begyndelsen af en persons liv i Kristus kan vedkommende rent spirituelt sammenlignes med et spædbarn, og Gud besvare hans bønner med det samme. For personen kender jo ikke hele sandheden, og hvis han lidt efter lidt omsætter Guds ord til handling, vil Gud besvare ham, som om han var en spædbarn, der græd efter mælk, og dette vil lede vedkommende til at møde Gud. Hvis han fortsat hører og forstår sandheden, vil han vokse ud af "tumling"-stadiet, og i takt med at han omsætter sandheden til handling, vil Gud besvare ham. Hvis et menneske spirituelt set vokser ud af barnestadiet, men stadig synder og undlader at leve ved ordet, så kan han ikke få Guds svar. Fra da af vil han se Guds svar i samme grad som han opnår helliggørelse.

Så for at folk, som endnu ikke har opnået svar, skal gøre det, må de først angre, omvende sig, og begynde at leve et lydigt liv ved Guds ord. Når de hviler i sandheden efter at have sønderrevet deres hjerter gentagne gange, vil Gud give dem forunderlige velsignelser. Job havde en tro, der kun var baseret på viden, og først brokkede han sig overfor Gud, da han blev udsat for trængsler og lidelser. Men efter at han mødte Gud og angrede ved at sønderrive sit hjerte, tilgav han sine venner og levede ved Guds ord. Og dermed velsignede Gud ham dobbelt så meget som tidligere (Jobs Bog 42:5-10).

Jonas blev indespærret i en stor fisk på grund af sin ulydighed overfor Guds ord. Men da han bad, angrede og takkede Gud i sin bøn i tro, befalede Gud fisken at redde Jones, og den kastede ham op på den tørre jord (Jonas' Bog 2:1-10).

Når vi omvender os fra vores veje, angrer, lever ved Faderens vilje, tror, og kalder på ham, vil den fjendtlige djævel komme imod os fra ét sted, men flygte syv steder hen. Sygdomme, problemer med børnene og økonomiske vanskeligheder vil finde deres løsning. En ægtefælle, som forfølger sin kone, vil blive en god og varm mand, og familien vil ære Gud ved at udsende Kristi aroma.

Hvis vi har omvendt os fra vores veje, angret og fået hans svar på vores bønner, må vi forherlige Gud ved at bære vidnesbyrd om vores glæde. Når vi behager ham og ærer ham gennem vores vidnesbyrd, vil Gud ikke alene modtage denne ære og glæde sig over os, men også blive ivrig efter at spørge os: "Hvad skal jeg give dig?" Lad os forestille os, at en mor giver sin søn en gave, men sønnen virker ikke særlig taknemmelig og udtrykker ikke nogen form for glæde over det. Så vil moren sandsynligvis ikke have lyst at give ham flere gaver. Men hvis sønnen i høj grad værdsætter gaven og er taknemmelig for den, vil moren glæde sig og få lyst til at give sønnen flere gaver. På samme måde vil vi få endnu mere af Gud, når vi ærer ham og husker at vor Fader Gud glæder sig over at hans børn får svar på deres bønner. Han giver endnu flere gode gaver til de mennesker, som bærer vidnesbyrd om hans svar.

Så lad os alle bede i overensstemmelse med Guds vilje, vise ham vores tro og hengivenhed, og få hvad som helst, vi beder ham om. Det kan måske virke som en vanskelig opgave at vise Gud vores tro og hengivenhed, når man vurderer det fra et menneskeligt perspektiv. Men det er først efter en proces, hvor vi skiller os af med vores store synder, som skiller os fra sandheden, vender blikket mod den evige himmel, får svar på vores bønner, og samler belønninger sammen i det himmelske rige, at vores liv vil blive fyldt med taknemmelighed og glæde, som virkelig har værdi. Desuden vil vores liv blive endnu mere velsignede, for trængsler og lidelser vil blive drevet bort, og vi vil få sandt velvære under Guds vejledning og beskyttelse.

Må I hver især bede med tro om hvad som helst I ønsker, bede oprigtigt, kæmpe mod synder og adlyde Guds bud, behage ham i alle forhold og prise ham. Det beder jeg om i Jesu Kristi navn!

Kapitel 2

Vi må stadig bede ham

Så vil I huske jeres onde færd og jeres slette gerninger og væmmes ved jeres synder og jeres afskyelige handlinger. Det er ikke for jeres skyld, jeg gør dette, siger Gud Herren. Det skal I vide! I skal fyldes af skam og skændsel over jeres færd, Israels hus. Dette siger Gud Herren: Når jeg har renset jer for alle jeres synder, befolker jeg byerne, og ruinerne skal genopbygges. Jorden, der har ligget øde hen, skal dyrkes i stedet for at ligge som en ødemark for øjnene af dem, der færdes der. Og de skal sige: "Dette øde land er nu blevet som Edens have. De byer, der lå i ruiner, forladt og styrtet i grus, er igen befæstet og beboede." Så skal de andre folk rundt om jer forstå, at jeg er Herren. Jeg har genopbygget det, der var styrtet i grus, og tilplantet det øde land. Jeg er Herren. Jeg har talt, og jeg vil gøre det. Dette siger Gud Herren: "Endnu ét vil jeg gøre for Israels hus på deres bøn: Jeg vil gøre menneskene talrige som en fårehjord."

Ezekiels Bog 36:31-37

Gennem Bibelens 66 bøger bevidner Gud, som er den samme i går, i dag og til evig tid (Hebræerbrevet 13:8), at han lever og arbejder. Gud viser trofast beviset på sin gerning til alle de mennesker, som har troet og adlydt hans ord gennem gammeltestamentlig tid, nytestamentlig tid og nu.

Gud har skabt alt i universet, og han regerer over menneskehedens liv, død, velsignelser og forbandelser. Han har lovet at velsigne os, så længe vi tror og adlyder hans ord, som det står i Bibelen (Femte Mosebog 28:5-6). Så hvis vi virkelig tror på dette forbløffende og vidunderlige faktum, hvad kan vi så mangle, og hvad vil vi ikke få? Vi ser i Fjerde Mosebog 23:19 at: *"Gud er ikke et menneske, så han lyver, et menneskebarn, så han angrer. Når han har sagt noget, gør han det; når han har lovet noget, lader han det ske."* Taler Gud uden at handle? Giver han løfter, som han ikke opfylder? Nej, og som Jesus lover os i Johannesevangeliet 16:23: *"Sandelig, sandelig siger jeg jer: Beder I Faderen om noget i mit navn, skal han give jer det."* Guds børn er i sandhed velsignede.

Så det er helt naturligt for Guds børn at leve liv, hvor de får alt, hvad de beder om og forherliger deres himmelske fader. Så hvorfor er der så mange kristne, som ikke lever sådanne liv? Med det tekststykke, som dette kapitel er baseret på, vil vi undersøge, hvordan vi kan få Guds svar til enhver tid.

1. Gud har talt og vil lade det ske, men vi må stadig bede ham

Israels folk har fået en overflod af velsignelser, fordi de er Guds udvalgte. De blev lovet, at hvis de adlød fuldt og helt, og fulgte Guds ord, så ville han ophøje dem over alle jordens folk, lade dem overvinde de fjender, som rejste sig mod dem, og lade alt, de havde erhvervet, velsigne (Femte Mosebog 28: 1, 7, 8). Sådanne velsignelser kom til israelitterne, når de adlød Guds ord, men når de gjorde det forkerte, var ulydige overfor loven, og tilbad afguder, blev de fanget ved Guds vrede og deres land blev ødelagt.

Så sagde Gud til israelitterne, at hvis de angrede og omvendte sig fra deres onde veje, så ville han lade det øde land opdyrke og genopbygge de byer, der lå i ruiner. Desuden sagde Gud: *"Jeg er Herren. Jeg har talt, og jeg vil gøre det [...] Endnu et vil jeg gøre for Israels hus på deres bøn"* (Ezekiels Bog 36:36-37).

Hvorfor lovede Gud israelitterne, at han ville handle, men at de stadig skulle bede ham?

Selv om Gud ved, hvad vi har brug for, før vi beder ham (Matthæusevangeliet 6:8), så siger han også: *"Bed, så skal der gives jer... for enhver, som beder, får... Hvor meget snarere vil så ikke jeres fader, som er i himlene, give gode gaver til dem, der beder ham!"* (Matthæusevangeliet 7:7-11)

Desuden fortæller Gud os gennem hele Bibelen, at vi må bede og kalde på ham, hvis vi vil have hans svar (Jeremias' Bog 33:3;

Johannesevangeliet 14:14). Guds børn, som i sandhed tror hans ord, må stadig bede Gud, selv om han har talt og sagt, at han vil gøre det.

Når Gud siger: "Jeg vil gøre det", vil vi få svar, hvis vi tror og adlyder hans ord. Men hvis vi omvendt tvivler, prøver Gud eller undlader at være taknemmelige og i stedet beklager os, når vi udsættes for trængsler og lidelser – dvs. hvis vi undlader at tro på Guds løfte – så kan vi ikke få svar fra Gud. Selv om Gud har lovet, at han vil gøre det, så kan det løfte kun holdes, når vi fastholder vores forespørgsel i bøn og i handling. Det kan ikke siges, at man har tro, hvis man ikke beder, men bare læner sig tilbage og siger: "Gud har sagt, at han vil gøre det." Så kan man ikke få svar, for der er ingen handlinger, der ledsager troen.

2. Vi må bede for at få Guds svar

For det første må vi bede for at ødelægge den mur af synd, der skiller os fra Gud.

Da Daniel blev taget til fange i Babylon efter Jerusalems fald, fandt han de skrifter, som indeholdt Jeremias' profeti, og han fandt ud af, at ødelæggelsen af Jerusalem ville vare 70 år. Gennem disse 70 år ville Israel tjene kongen i Babylon. Men når de 70 år var forbi, ville Babylons konge, hans rige og Kaldæas land blive forbandet og lagt øde på grund af deres synder. Selv om israelitterne blev hold fanget i Babylon på daværende tidspunkt, så var det Jeremias' profeti, at de ville blive selvstændige og vende tilbage til deres hjemland efter 70 år. Dette blev en kilde til glæde og lettelse for Daniel.

Men Daniel delte ikke sin glæde med de øvrige israelitter, selv om det ville have været let for ham. I stedet søgte han Gud i bøn og tryglen under faste og i sæk og akse. Og han angrede for alle hans og israelitternes synder, deres forkerte handlinger, deres ondskab, deres oprør, og deres overtrædelser af Guds bud og love (Daniels Bog 9:3-19).

Gud havde ikke åbenbaret gennem profeten Jeremias hvordan Israels fangeskab i Babylon ville ende. Han havde kun profeteret, at trældommen ville ende efter en periode på 70 år. Men Daniel kendte loven i det spirituelle rige, og han var bevidst om, at den mur af synd, der skilte Israel fra Gud, først måtte ødelægges, sådan at Guds ord kunne opfyldes. Dermed viste Daniel sin tro gennem handling. Da Daniel fastede og angrede for ham selv og resten af israelitterne, fordi de havde handlet forkert overfor Gud og var blevet forbandet, ødelagde Gud muren af synd, svarede Daniel, gav israelitterne 70 uger og åbenbarede andre hemmeligheder for ham.

Når vi bliver Guds børn, som beder i overensstemmelse med Faderens ord, må vi indse, at det er nødvendigt at ødelægge muren af synd, før vi kan få svar på vores bønner, og vi må derfor koncentrere os om at ødelægge denne mur.

For det andet må vi bede med tro og i lydighed.

I Anden Mosebog 3:6-8 læser vi om Guds løfte til Israels folk, som på daværende tidspunkt var trælle i Egypten: han ville bringe dem ud af Egypten og føre dem til Kana'an, som flød med mælk og honning. Kana'an var det land, som Gud lovede israelitterne, at de skulle få i deres besiddelse (Anden Mosebog 6:8). Han aflagde ed på at give landet til deres efterkommere, og befalede dem at bryde op (Anden Mosebog 33:1-3). Da israelitterne kom til det hellige land, befalede Gud dem at ødelægge alle afguder, og han advarede dem imod at indgå pagter med beboerne i landet og deres guder. Dette var et løfte fra Gud, som altid opfylder det, han lover. Så hvorfor kunne israelitterne ikke komme ind i Kana'an?

I deres manglende tro på Gud og hans magt havde Israels folk brokket sig overfor ham (Fjerde Mosebog 14:1-3) og været ulydige, og derfor kunne de ikke komme ind i Kana'an, selv om de stod ved landets grænse (Fjerde Mosebog 14:21-23; Hebræerbrevet 3:18-19). Selv om Gud havde lovet israelitterne Kana'ans land, så var det løfte ikke til nogen nytte, hvis de ikke troede ham og adlød ham. Hvis de havde troet og adlydt, ville løftet helt sikkert være blevet opfyldt. Til sidst var det kun Josva og Kaleb, som hele tiden havde troet på Guds ord, der kunne komme ind i Kana'an sammen med alle israelitternes efterkommere (Josvabogen 14:6-12). Lad os ved hjælp af Israels historie huske på, at vi kun kan få Guds svar, når vi beder ham ved at tro på hans løfte og udvise lydighed. Vi må få hans svar ved at bede med tro.

Moses selv troede helt sikkert på Guds løfte om Kana'an, men da israelitterne ikke stolede på Guds kraft, blev selv han forhindret i at komme ind i det hellige land. Gud udretter til tider sin gerning som svar på ét menneskes tro, men til andre tider må alle de involverede have tro for at hans gerning kan manifesteres. Gud krævede at alle israelitterne skulle have tro, for at de kunne komme ind i Kana'an, ikke kun Moses. Og da han ikke fandt denne form for tro hos dem, kunne han ikke tillade dem at komme ind i landet. Vi må huske, at når Gud søger tro hos ikke bare en, men hos alle de involverede, så må alle bede med tro og i lydighed, og de må forenes i hjertet for at få hans svar.

Da en kvinde, som i tolv år havde lidt af blødninger, blev helbredt ved at røre Jesu kappe, spurgte han: *"Hvem rørte ved mit tøj?"* Og han fik hende til at vidne om sin helbredelse foran alle de forsamlede (Markusevangeliet 5:25-34).

Når et individ vidner om manifestationen af Guds gerning i sit liv, hjælper vedkommende andre med at vokse i troen og styrker dem til at forandre sig til bedende mennesker, som bønfalder og får hans svar. Og når de får Guds svar gennem troen, hjælper det de ikke-troende til at få tro og møde den levende Gud, så dette er i sandhed en storslået måde at forherlige ham på.

Lad os altid få Guds svar, blive hans velsignede børn og forherlige ham af hjertets grund ved at tro og adlyde Bibelens ord om velsignelse. Vi må huske, at vi stadig skal bede, selv om han har lovet os: *"Jeg har talt og vil gøre det."*

Kapitel 3

Den spirituelle lov om Guds svar

Så brød han [Jesus] op og gik,
som han plejede, ud til Oliebjerget, og disciplene fulgte med.
Da han kom derud, sagde han til dem:
"Bed om ikke at falde i fristelse!"
Og han fjernede sig et stenkast fra dem, faldt på knæ og bad:
"Fader, hvis du vil, så tag dette bæger fra mig.
Dog, ske ikke min vilje, men din."
Da viste en engel fra himlen sig for ham og styrkede ham.
I sin angst bad han endnu mere indtrængende,
og hans sved blev som bloddråber, der faldt på jorden.
Da han havde rejst sig fra bønnen
og var kommet tilbage til disciplene,
fandt han dem sovende, overvældede af sorg,
og han sagde til dem: "Hvorfor sover I?
Rejs jer, og bed om ikke at falde i fristelse."

Lukasevangeliet 22:39-46

Guds børn bliver frelst og har ret til at få alt det, de beder om med tro af Gud. Derfor læser vi i Matthæusevangeliet 21:22: *"Alt, hvad I beder om i jeres bønner, skal I få, når I tror."* Alligevel er der mange mennesker, som undrer sig over, at de ikke får Guds svar, når de beder, og de spørger sig selv, om deres bøn har nået Gud, eller om Gud rent faktisk har hørt den. Ligesom vi har brug for at finde den rigtige metode og rute, når vi skal rejse til et bestemt sted uden problemer, så kan vi kun få svar fra Gud, når vi kender de rigtige metoder og den rette rute. Det at bede er ikke i sig selv nogen garanti for Guds svar; vi må kende lovene i det spirituelle rige vedrørende Guds svar og bede i overensstemmelse med denne lov.

Lad os undersøge den spirituelle lov vedrørende Guds svar og dens relation til Guds syv ånder.

1. Den spirituelle lov vedrørende Guds svar

Bøn er at bede den almægtige Gud om de ting, vi ønsker eller har brug for, men vi kan kun få hans svar, når vi beder i overensstemmelse med loven i det spirituelle rige. Ingen menneskelig anstrengelse vil, uanset hvor stor den er, være i stand til at bringe Guds svar, hvis den er baseret på menneskelig tænkning, metoder, berømmelse eller viden.

Da Gud er en retfærdig dommer (Salmernes Bog 7:11), hører vores bønner og besvarer dem, kræver han af os, at vi drager nytte af hans svar. Det kan sammenlignes med at købe kød af en slagter. Hvis slagteren sammenlignes med Gud, så vil hans vægt være det redskab, hvormed Gud måler, om vi kan få hans svar, baseret på loven i det spirituelle rige.

Lad os forestille os, at vi tager til slagteren for at købe to pund oksekød. Vi beder ham om det, vi har brug for, og han vejer det for at se, om det når op på de to pund. Hvis det gør det, så får han den rette pengesum fra os, pakker kødet ind og giver os det. På samme måde får Gud noget af os, som garanterer hans svar, så når han svarer os, får han noget til gengæld. Dette er loven i det spirituelle rige.

Gud hører vores bøn, tager imod noget til gengæld, og svarer os så. Hvis man endnu ikke har fået Guds svar på sine bønner, så er det fordi, man ikke har givet noget til Gud som viser, at man drager fordel af svarene. Den mængde, der er brug for, hvis man vil have svar, afhænger af indholdet i bønnen. Selv om vi ikke ved præcis, hvor stor en mængde, der er brug for, så ved Gud det. Derfor må vi lytte opmærksomt til Helligåndens stemme, og vi må bede Gud om visse ting med faste, om andre ting med natlige bønner, andre med tårefyldte bønner, og endnu andre med offergaver som tegn på vores taknemmelighed. Sådanne handlinger opsummeres til den mængde, som er nødvendig for at få Guds svar, og han vil give os den form for tro, hvorved vi kan velsignes af ham.

Selv om to mennesker afsætter den samme tid til at bede og begynder samtidig, så kan den ene få Guds svar straks efter, at han er begyndt at bede, mens den anden ikke får svar, selv om han fortsætter i lang tid. Hvordan kan vi forklare denne forskel? Gud er vis og lægger sine planer på forhånd, og hvis han ser, at et bestemt individ har det rette hjerte til at fortsætte med at bede, så vil han give vedkommende svar med det samme. Men hvis et menneske ikke får svar på de problem, han oplever her og nu, så er det fordi han ikke har gjort Gud nogen gengæld for hans svar. Når vi lover at bede et bestemt tidsrum, så må vi vide, at Gud vil lede vores hjerte, sådan at han får den rette gengæld for sine svar. Så hvis vi ikke formår at give denne gengæld, vil vi ikke få noget svar fra Gud.

Hvis en mand for eksempel beder for sin fremtidige hustru, så vil Gud finde ham en passende brud og forberede dem begge, for han arbejder for altings bedste. Det betyder dog ikke, at denne brud vil dukke op for øjnene af manden lige nu og her, bare fordi han har bedt for hende. Gud svarer dem, som tror, at de allerede har fået hans svar, og når tiden er inde, vil han åbenbare sin gerninger for dem. Men hvis et menneskes bøn ikke er i overensstemmelse med Guds vilje, så kan man ikke få svar, lige meget hvor meget man beder. Hvis manden for eksempel beder for sin kone ud fra ydre omstændigheder såsom uddannelse, udseende, velstand, berømmelse og lignende – dvs. hvis hans bøn er fyldt med grådighed, som udspringer af hans eget sind – så vil Gud ikke besvare bønnen.

Selv om to mennesker beder til Gud med præcis samme problem, så vil graden af deres hellighed og målet af deres tro være forskelligt, og den mængde bøn, Gud modtager, vil også være forskellig (Johannesåbenbaringen 5:8). Den ene ville måske være nødt til at bede i en måned for at få Guds svar, mens den anden ville få det efter en dags tid.

Desuden er det sådan, at jo større betydningen af Guds svar på ens bøn er, jo større må mængden af bøn også være. Ifølge loven i det spirituelle rige vil et stort kar blive prøvet og forvandlet til guld, mens et lille kar vil blive prøvet i mindre skala og kun blive brugt lidt af Gud. Derfor må man ikke dømme hinanden og sige: "Se, hvordan han bliver prøvet til trods for sin trofasthed!", for det vil skuffe Gud. Bland troens fædre blev Moses prøvet i 40 år og Jakob i 20 år, og vi ved, at de begge blev gode kar i Guds øjne og blev benyttet til hans store formål efter at de havde gennemlevet deres respektive prøvelser. Lad os tænke på, hvordan et nationalt fodboldhold bliver formet og trænet. Selv om en bestemt spiller er så dygtig, at det er værd at sætte ham på holdet, vil det kræve megen tid og store anstrengelser, før han får lov at repræsentere sit land.

Ligegyldigt om det svar, vi søger fra Gud, er stort eller lille, så må vi bevæge hans hjerte for at få det. Når vi beder for at få noget, vil Gud lade sig bevæge og svare os, hvis vi giver ham en passende mængde af bøn, renser vores hjerter og ikke er adskilt fra ham med en mur af synd, så vi må vise ham vores taknemmelighed, glæde og tjenstvillighed som bevis på vores tro på ham.

2. Forholdet mellem loven i det spirituelle rige og de syv ånder

Ovenfor har vi set på metaforen om slagteren og hans vægt. I overensstemmelse med loven i det spirituelle rige måler Gud uden fejl mængden af vores bønner og bestemmer, om vi har nået et passende mål af bøn. De fleste mennesker foretager vurderinger ved hjælp af det, der er åbenbart for dem, men Gud foretager en præcis vurdering ved hjælp af de syv ånder (Johannesåbenbaringen 5:6). Med andre ord får man svar på sine bønner, når de syv ånder bedømmer, at man har kvalificeret sig.

Så hvad måler da de syv ånder?

Før det første måler de syv ånder vores tro.
Indenfor troen er der "spirituel tro" og "kødelig tro." De syv ånder måler ikke tro som viden, dvs. kødelig tro, men kun den spirituelle tro, som er levende og som ledsages af gerninger (Jakobsbrevet 2:22). For eksempel ser vi en scene i Markusevangeliet 9, hvor faren til et barn, som var besat af dæmoner, der havde gjort ham stum, kommer til Jesus (Markusevangeliet 9:17). Faren sagde til Jesus: "Jeg tror, hjælp min vantro!" Her bekender faren sin kødelige tro med ordene: "Jeg tror", og han beder om spirituel tro med udtalelsen: "Hjælp min vantro!" Jesus besvarede faren med det samme og helbredte drengen (Markusevangeliet 9:18-27).

Det er umuligt at behage Gud uden tro (Hebræerbrevet 11:6). Men når vi behager ham, kan vi opfylde vores hjertes ønsker ved at udvise den rette form for tro. Hvis vi ikke får Guds svar, selv om han har sagt os: *"Det skal ske dig, som du troede",* så er det tegn på, at vores tro endnu ikke er fuldkommen (Matthæusevangeliet 8:13).

For det andet måler de syv ånder vores glæde.

Første Thessalonikerbrev 5:15 fortæller os, at vi altid skal glæde os, for det er Guds vilje for os. Men der er mange kristne, som i dag bliver fanget i angst, frygt og bekymringer i stedet for at glæde sig. Hvis de i sandhed tror på den levende Gud af hele deres hjerte, kan de glæde sig uanset den situation, de befinder sig i. De kan glædes med indtrængende håb om det evige himmelske rige i stedet for at bekymre sig om denne verden, som under alle omstændigheder er forbigående.

For det tredje måler de syv ånder vores bøn.

Gud fortæller os, at vi skal bede uden ophør (Første Thessalonikerbrev 5:17) og lover at give til dem, som beder ham (Matthæusevangeliet 7:7). Så det giver god mening, at vi får det fra Gud, som vi beder om. Gud glæder sig, når vi beder regelmæssigt (Lukasevangeliet 22:39) og når vi knæler i vores bønner, hvilket er hans vilje. Men denne indstilling og position vil vi helt naturligt kalde på Gud af hele vores hjerte, og vores bønner vil være fulde af tro og kærlighed. Gud undersøger disse bønner. Vi skal ikke kun bede, når vi vil have noget særligt eller når vi er triste, og vi skal ikke vrøvle i vores bønner, men i stedet bede i overensstemmelse med Guds vilje (Lukasevangeliet 22:39-41).

For det fjerde måler de syv ånder vores taknemmelighed.

Gud har befalet os at være taknemmelige (Første Thessalonikerbrev 5:18) og alle, som har tro, bør helt naturligt være taknemmelige af hjertets grund. Hvordan kan vi undgå at være taknemmelige, når han har fjernet os fra ødelæggelsens vej og givet os det evige liv? Vi skal være taknemmelige for at Gud møder de mennesker, som oprigtigt søger ham, og svarer dem, som beder ham. Desuden kan vi sagtens være taknemmelige, selv om vi har vanskeligheder i vores korte liv her på jorden, for vi har jo håb om den evige himmel.

For de femte måler de syv ånder om vi overholder Guds bud.

I første Johannesbrev 5:2 står der: *"Og deraf ved vi, at vi elsker Guds børn: At vi elsker Gud og handler efter hans bud."* Og hans bud er ikke tunge (Første Johannesbrev 5:3). Hvis man regelmæssigt beder knælende og kalder på Gud, så er det en bøn i kærlighed, som udspringer af tro. Med denne tro og kærlighed til Gud vil man beder i overensstemmelse med hans ord.

Men der er mange mennesker, som beklager sig over, at de ikke får Guds svar, selv om de går mod vest, når Bibelen fortæller dem, at de skal gå mod øst. Det eneste, de skal gøre, er at tro på det, Bibelen fortæller dem, og adlyde det. For de er hurtige til at tilsidesætte Guds ord, vurdere enhver situation ud fra egne tanker og teorier, og bede med tanke på egen vinding. Så vil Gud vende ansigtet bort fra dem og undlade at svare dem. Lad os forestille os, at vi har lovet at mødes med en ven på en togstation i New York, men pludselig har skiftet mening og i stedet taget en bus til byen. Uanset hvor lang tid vi venter ved busstoppestedet, vil vi ikke kunne mødes med vores ven. Og hvis vi går mod vest, når Gud har sagt, at vi skal gå mod øst, så kan vi ikke siges at adlyde ham. Det er tragisk og nedslående at se, hvordan så mange kristne har denne form for tro. For der er ikke tale om hverken ægte tro eller kærlighed. Hvis vi siger, at vi elsker Gud, så vil de være naturligt for os at overholde hans bud (Johannesevangeliet 14:15; Første Johannesbrev 5:3). Kærlighed til Gud vil få os til at bede med stor ihærdighed og flid. Dette vil bære frugt i form af sjælenes frelse og opnåelsen af Guds rige og retfærdighed. Vores sjæl vil trives og vi vil opnå kraft i vores bønner. Da vi får svar og forherliger Gud med vores tro, vil vi få belønninger i himlen, så vi vil være taknemmelige og aldrig blive trætte. Hvis vi siger, at vi tror på Gud, er det naturligt for os at adlyde de Ti Bud, som er en opsummering af Bibelens 66 bøger.

For det sjette måler de syv ånder vores trofasthed.

Gud vil, at vi skal være trofaste. Ikke kun på et bestemt område, men at vi skal være betroede i hele hans hus. Desuden mindes vi om i Første Korintherbrev 4:2: *"Her kræves det så af forvaltere, at de findes tro."* De mennesker, som har gudgivne pligter, bør bede Gud om styrke til at være trofaste i alle forhold og være troværdige overfor de mennesker, der omgiver dem. Desuden bør de bede om trofasthed i hjemmet og på arbejdet, og da de stræber mod at være trofaste i alle forhold i deres liv, må deres trofasthed opnås gennem sandheden.

For det syvende og sidste måler de syv ånder vores kærlighed. Selv om vi kvalificerer os efter de seks ovenstående standarter, så fortæller Gud os, at uden kærlighed er vi ikke andet end en "klingende bjælde", og han siger, at blandt tro, håb og kærlighed er kærligheden den største. Desuden opfyldte Jesus loven med kærlighed (Romerbrevet 13:10) og da vi er hans børn, er det ret for os at elske hinanden.

Hvis vi vil have Guds svar på vores bønner, må vi først kvalificere os, når vi måles med de syv ånders standarter. Betyder det, at de nye troende, som endnu ikke kender sandheden, ikke vil være i stand til at opnå Guds svar?

Lad os forestille os et lille barn, som endnu ikke kan tale, men som en dag siger: "Mor!" højt og klart. Hans forældre vil blive så begejstrede, at de vil give ham hvad som helst, han ønsker.

På samme måde tager de syv ånder hensyn til de forskellige mål af tro og giver svar i overensstemmelse med dem. Så Gud glæder sig og blive bevæget til at svare, når en ny troende udviser bare en lille smule tro. Og han har det på samme måde, når en troende på andet eller tredje niveau lever efter hans vilje og beder flittigt til ham, og så vil de syv ånder straks anse vedkommende for kvalificeret til at modtage Guds svar med det samme.

Sammenfattende kan man sige, at jo højere niveau af tro, man befinder sig på, jo hurtige vil man få Guds svar, idet man er mere opmærksom på loven i det spirituelle rige og lever efter den. Så hvorfor sker det til tider, at nye troende får svar meget hurtigt? Det skyldes, at den nye troende fyldes af Helligånden ved Guds nåde og dermed kvalificerer sig ifølge de syv ånder til at få Guds svar med det samme.

Men når han kommer dybere ind i sandheden, kan han blive sjusket og gradvist miste den første kærlighed, som han havde i begyndelsen. Han bliver kold og får en tendens til at "lade stå til."

Lad os kvalificere os for de syv ånder ved flittigt at leve i sandheden, få alt hvad vi beder om fra vores Fader og leve velsignede liv til Guds herlighed i vores brændende kærlighed til ham!

Kapitel 4

Ødelæg syndens mur

Herrens arm er ikke for kort til at frelse,
hans ører ikke for døve til at høre.
Nej, det er jeres synder,
der skiller jer fra jeres Gud;
jeres overtrædelser skjuler hans ansigt,
så han ikke kan høre jer.

Esajas' Bog 59:1-2

Gud siger til sine børn i Matthæusevangeliet 7:7-8: *"Bed, så skal der gives jer; søg, så skal I finde; bank på, så skal der lukkes op for jer. For enhver, som beder, får; og den, som søger, finder; og den, som banker på, lukkes der op for."* Han lover dem dermed svar på deres bøn. Så hvorfor er der så mange mennesker, som ikke er i stand til at få Guds svar på deres bønner til trods for hans løfte?

Gud hører ikke syndernes bønner; han vender ansigtet bort fra dem. Han er heller ikke i stand til at besvare bønnen, hvis der er en mur af synd mellem han selv om den, der beder. Så for at opnå et godt helbred og få alt til at få godt for os i takt med at sjælen trives, må vi først og fremmest sørge for at ødelægge den mur af synd, som blokerer vores vej til Gud.

Ved at undersøge forskellige elementer, som har bidraget til at bygge syndens mur, vil jeg tilskynde læserne til hver især at blive velsignede børn af Gud som angrer deres synder, hvis der da er en mur af synd, som skiller dem fra Gud, og derved forherlige Gud ved at få alt, hvad de beder ham om.

1. Ødelæg den mur af synd, som kommer af ikke at tro på Gud og ikke at tage imod Herren som frelser

Bibelen fortæller os, at det er en synd ikke at tro på Gud og ikke at tage imod Jesus Kristus som frelser (Johannesevangeliet 16:9) Mange mennesker siger: "Jeg har ikke nogen synder, for jeg har levet et godt liv", men disse kommentarer skyldes spirituel ignorance og uvidenhed om syndens natur. Guds ord er ikke i deres hjerter, og disse individer kender ikke forskellen på det, der i sandhed er rigtigt og forkert, og de kan ikke skelne mellem godt og ondt. De kender ikke den sande retfærdighed, og hvis denne verdens standart fortæller dem, at de ikke er specielt onde, vil de sige uden nærmere overvejelser, at de er gode. Uanset hvor godt et liv, en person selv mener, han har levet, så vil han opdage, at hans liv slet ikke har været så godt, når han ser tilbage på det i lyset af Guds ord efter at have taget imod Jesus Kristus. Det skyldes, at han indser, at det ikke have troet på Gud og taget imod Jesus Kristus er den største af alle synder. Gud er forpligtet til at besvare bønner fra de mennesker, som har taget imod Jesus Kristus og er blevet hans børn, og Guds børn har dermed ret til at få svar på deres bønner i overensstemmelse med hans løfte.

Hvis Guds børn, som tror på ham og har taget imod Jesus Kristus som deres frelser, ikke er i stand til at få svar på deres bønner, skyldes det, at de ikke indser, at de er adskilt fra Gud af en mur af synd, som er kommet af deres synder og ondskab. Det er derfor, Gud vender ansigtet bort fra dem og undlader at besvare deres bønner, selv om de faster og holder sig vågne hele natten for at bede.

2. Ødelæg den mur af synd, som kommer af at undlade at elske hinanden

Gud fortæller os, at det er naturligt for hans børn at elske hinanden (Første Johannesbrev 4:11). Han siger desuden, at vi skal elske vores fjender (Matthæusevangeliet 5:44), og at det er en synd og ulydighed overfor Guds ord at hade vores brødre i stedet for at elske dem.

Jesus Kristus viste os sin kærlighed gennem sin korsfæstelse for menneskeheden, der var fastholdt af synd og ondskab, så det er rigtigt for os at elske vores forældre, brødre og børn. Og det er en alvorlig synd overfor Gud at rumme så frivole følelser som had og uvillighed til at tilgive hinanden. Gud har ikke befalet os at udvise den form for kærlighed, som Jesus havde, da han døde på korset for at løse menneskeheden fra deres synder; han beder os kun om at omvende os fra hadet og tilgive hinanden. Så hvorfor er dette så svært?

Gud fortæller os, at enhver, som hader sin bror, er en "morder" (Første Johannesbrev 3:15), og at Faderen vil tage afstand fra os, hvis ikke vi tilgiver vores brødre (Matthæusevangeliet 18:35). Han tilskynder os til kun at rumme kærlighed og at afholde os fra at beklage os over vores brødre, sådan at vi ikke skal dømmes (Jakobsbrevet 5:9).

Helligånden har bolig i hver af os ved Jesu Kristi kærlighed. Han lod sig korsfæste og har dermed forløst os fra vores synder i fortiden, nutiden og fremtiden, så vi kan elske alle mennesker, når vi angrer overfor ham, omvender os fra vores veje, og får hans tilgivelser. Men for de mennesker i denne verden, som ikke tror på Jesus Kristus, er der ikke nogen tilgivelser, selv om de skulle angre, og de vil ikke være i stand til at elske hinanden i sandhed uden Helligåndens vejledning. Selv om vores brødre hader os, så må vi have et hjerte, hvormed vi kan stå fast på sandheden, forstå og tilgive dem, og bede for dem med kærlighed, sådan at vi ikke selv bliver syndere. Hvis vi hader vores brødre i stedet for at elske dem, vil vi synde overfor Gud, miste Helligåndens fylde og blive elendige og tåbelige, idet vi tilbringer vores tid med at ynke os. I så fald skal vi ikke forvente at få svar fra Gud på vores bønner.

Kun ved Helligåndens hjælp kan vi komme til at elske, forstå og tilgive vores brødre, og få hvad som helst vi beder om fra Gud.

3. Ødelæg muren af synd, som kommer af ulydighed overfor Guds bud

I Johannesevangeliet 14:21 fortæller Jesus os: *"Den, der har mine bud og holder dem, han er den, der elsker mig; og den, der elsker mig, skal elskes af min fader; også jeg skal elske ham og give mig til kende for ham."* Derfor ser vi i Første Johannesbrev 3:21: *"Mine kære, hvis vort hjerte ikke fordømmer os, har vi frimodighed overfor Gud."* Med andre ord kan vi ikke få svar på vores bønner, hvis der er skabt en mur at synd på grund af vores ulydighed overfor Guds befalinger. Det er kun, når Guds børn adlyder deres Faders bud og gør det, som behager ham, at de kan bede ham om hvad som helst, de ønsker med frimodighed og få deres ønsker opfyldt.

I Første Johannesbrev 3:24 mindes vi om at: *"Den, der*

holder hans bud, bliver i Gud og Gud i ham. Og at han bliver i os, ved vi af Ånden, som han har givet os." Det understreges, at man først kan få hvad som helst, man beder om, og leve et succesfuldt liv på alle måder, når ens hjerte er fyldt af sandheden ved fuldt og helt at overlade hjertet til Herren og leve livet ved Helligåndens vejledning.

Hvis for eksempel et menneske havde hundrede værelser i sit hjerte og gav alle hundrede til Herren, så ville hans sjæl trives og han ville få den velsignelse, at alt ville gå ham godt. Men hvis dette menneske kun gav Herren halvtreds værelser i sit hjerte og selv brugte de andre halvtreds efter forgodtbefindende, så ville han ikke altid få Guds svar, for han ville kun få Helligåndens vejledning halvdelen af tiden. I den anden halvdel ville han bede til Gud ud fra sine tanker eller på baggrund af kødelige lyster.

Vor Herre har bolig i hver af os, og når der er hindringer foran os, styrker han os til enten at gå udenom eller springe over dem. Selv om vi går gennem skyggernes dal, giver han os en udvej, arbejder for altings bedste og leder os på vejen til fremgang.

Når vi behager Gud ved at adlyde hans bud, lever vi i Gud og han lever i os, og vi kan forherlige ham ved at få hvad som helst, vi beder om. Lad os ødelægge den mur af synd, som er kommet af ulydighed overfor hans befalinger. Lad os begynde at adlyde, få frimodighed overfor Gud og forherlige ham ved at få alt, vi beder om.

4. Ødelæg den mur af synd, som kommer af at bede for tilfredsstillelse af egne lyster

Gud fortæller os, at vi skal gøre alt i livet til hans herlighed (Første Korintherbrev 10:31). Hvis vi beder for noget andet end hans herlighed, søger vi at tilfredsstille vores egne kødelige lyster, og så kan vi ikke få Guds svar på vores forespørgsler (Jakobsbrevet 4:3). Hvis vi omvendt søger materielle velsignelser for Guds rige og retfærdighed, til hjælp for de fattige og til indsatsen for sjælenes frelse, vil vi få Guds svar, fordi det, vi søger, i bund og grund er hans ære. Det er helt anderledes at søger materielle velsignelser i håb om at kunne prale overfor en broder, som irettesættende siger: "Hvordan kan du være fattig, når du går i kirke?" For så beder man i overensstemmelse med ondskaben for at tilfredsstille egne lyster, og så vil der ikke komme noget svar på ens bønner. Selv i denne verden vil forældre ikke give deres børn 100 $ til spillemaskiner, selv om de virkelig elsker dem. Gud ønsker ikke, at hans børn skal gå den gale vej, og derfor besvarer han ikke enhver forespørgsel fra dem.

Første Johannesbrev 5:14-15 fortæller os: *"Og dette er den frimodighed, vi har over for ham; at hvis vi beder om noget, som er efter hans vilje, hører han os. Og når vi ved, at han hører os, hvad vi end beder om, så ved vi også, at vi allerede har fået det, vi har bedt ham om."* Det er først, når vi skiller os af med vores lyster og beder i overensstemmelse med Guds vilje og for hans herlighed, at vi kan få hvad som helst, vi beder om.

5. Ødelæg den mur af synd, som kommer af at tvivle i bøn

Gud glæder sig, når vi viser ham vores tro, og uden tro er det umuligt at behage ham (Hebræerbrevet 11:6). I Bibelen kan vi se mange eksempler på, at Guds svar fandt frem til de mennesker, som viste ham tro (Matthæusevangeliet 20:29-34; Markusevangeliet 5:22-43, 9:17-27, 10:46-52). Når folk ikke udviste tro på Gud, blev de irettesat for deres "liden tro", selv når der var tale om Jesu disciple (Matthæusevangeliet 8:23-27). Og selv ikke-jøder blev rost, når de viste deres store tro på Gud (Matthæusevangeliet 15:28).

Gud irettesætter dem, som ikke er i stand til at tro, men i stedet tvivler (Markusevangeliet 9:16-29). Han fortæller os, at hvis vi rummer selv den mindste tvivl, når vi beder, så skal vi ikke tro, at vi vil få noget af Herren (Jakobsbrevet 1:6-7). Men andre ord skal vi ikke forvente at få Guds svar, selv om vi faster og beder hele natten, hvis vores bønner er fyldt med tvivl.

Desuden påminder Guds os: *"Sandelig siger jeg jer: Den, der siger til dette bjerg: Løft dig op og styrt dig i havet! Og som ikke tvivler i sit hjerte, men tror, at det, han siger, vil ske, for ham sker det. Derfor siger jeg jer: Alt, hvad I beder og bønfalder om, det skal I tro, at I har fået, og så får I det"* (Markusevangeliet 11:23-24).

For *"Gud er ikke et menneske, så han lyver, et menneskebarn, så han angrer"* (Fjerde Mosebog 23:19). Som Gud lover os vil de mennesker, som tror og beder for hans herlighed, få svar. Folk, som elsker Gud og har tro, må også have tillid til Gud og søge hans herlighed, og det er derfor, de kan bede om hvad som helst, de ønsker. Da de tror, beder og får svar på hvad som helst, de beder om, kan de forherlige Gud. Lad os skille os af med tvivl, og i stedet bare tro, bede og få fra Gud, sådan at vi kan prise ham af hjertets grund.

6. Ødelæg den mur af synd, som kommer af ikke at så overfor Gud

Gud regerer over alt i universet, og han har etableret loven i det spirituelle rige. Han leder alt til at fungere på en ordentlig måde, da han er en retfærdig dommer.

Kong Darius kunne ikke redde sin elskede tjener Daniel fra løvekulen, for selv om han var konge, kunne han ikke bryde den lov, han selv havde skrevet. På samme måde kan Gud ikke bryde loven i det spirituelle rige, for det er ham selv, som har lavet den, og alt i universet fungerer systematisk under hans vejledning. Derfor lader Gud sig ikke spotte, og han lader mennesket høste, som det sår (Galaterbrevet 6:7). Når nogen sår bønner, vil de få spirituelle velsignelser; når de sår med deres tid, vil de få den velsignelse at have et godt helbred; hvis de sår med offergaver, vil Gud beskytte dem i forretningsanliggende, på arbejdet og i hjemmet, og han vil endda give endnu større materielle velsignelser.

Når vi sår overfor Gud på flere forskellige måder, vil han

besvare vores bønner og give os hvad som helst, vi beder om. Lad os bære rigelig frugt ved flittigt at så overfor Gud og få alt det, vi beder ham om.

Ud over de seks mure af synd, som nævnes overfor, inkluderer synden også kødelige lyster og gerninger såsom uretfærdighed, misundelse, vrede, raseri, stolthed samt at undlade at kæmpe mod synderne til blodet flyder og at undlade at brænde for Guds rige. Lad os ødelægge syndens mur ved at lære og forstå, hvilke faktorer, der skiller os fra Gud, sådan at vi altid kan få hans svar og derved forherlige ham. Vi bør alle blive troende, som har et godt helbred og for hvem alting går godt i takt med at sjælen trives.

Vi har nu undersøgt forskellige faktorer, som kan skabe en mur, der skiller os fra Gud, baseret på Guds ord, som det står i Esajas' Bog 59:1-2. Må alle læserne blive Guds velsignede børn, som forstår syndens mur, har gode helbred og succes på alle områder mens deres sjæl trives. Må I forherlige den himmelske Fader ved at få alt, I beder om. Det beder jeg om I Jesus Kristi navn!

Kapitel 5

Man høster, som man sår

For husk,
at den, der sår sparsomt,
skal også høste sparsomt, og den,
der sår rigeligt, skal også høste rigeligt.
Men enhver skal give, som han har hjerte til
– ikke vrangvilligt eller under pres,
for Gud elsker en glad giver.

Andet Korintherbrev 9:6-7

Hvert efterår kan vi se en overflod af gyldne bølger af moden ris på markerne. Vi ved, at bønderne har ofret deres tid og indsats på at plante sæden på markerne, og har passet planterne hele foråret og sommeren, for at de nu kan høstes.

En bonde, som har en stor mark og sår megen sæd, må gøre en større indsats end en bonde, som kun sår en smule sæd. Men han har også håb om en større høst, så han arbejder flittigt og hårdt. Naturens lov dikterer at man høster, hvad man sår. Og vi skal være klar over, at den lov, vi har fået af Gud, som er hersker i det spirituelle rige, følger det samme mønster.

Blandt nutidens kristne er der nogle, som bliver ved med at bede Gud om at opfylde deres ønsker uden at så, mens andre beklager sig over, at de ikke får svar, til trods for at de beder meget. Selv om Gud ønsker at give sine børn en overflod af velsignelser og løse alle deres problemer, så må man forstå loven om at så og høste, sådan at man kan få, hvad man vil, fra Gud.

Med udgangspunkt i den helt naturlige lov om at man høster, som man sår, vil vi nu undersøge, hvad det er, vi skal så, og hvordan vi skal gøre det for altid at få Guds svar og prise ham uden forbehold.

1. Først må jorden kultiveres

Bonden må kultivere marken, før han begynder at så sæden. Han fjerner de store sten, jævner jorden og skaber det rette miljø for at sæden kan vokse bedst muligt. Hvis bonden arbejder med hengivenhed og store anstrengelser, kan selv det øde land forandres til frodig jord.

I Bibelen sammenlignes menneskets hjerter med marker, og de bliver inddelt i fire forskellige kategorier (Matthæusevangeliet 13:3-9).

Den første type er "jorden på vejen."
Den jord, som ligger på vejen, er fast. En person med at sådant hjerte kan gå i kirke, men selv om han hører ordet, åbner han ikke døren til sit hjerte. Derfor er han ikke i stand til at kende Gud, og da han ikke har tro, kan han heller ikke blive oplyst.

Den anden typer er "klippegrund."
På klippegrunden er der ikke ret megen jord, og sæden kan ikke spire ordentligt. Et menneske med at sådant hjerte kender kun ordet som viden, og hans tro er ikke ledsaget af gerninger. For han mangler troens sikkerhed, og han falder igennem, når han bliver udsat for trængsler og prøvelser.

Den tredje type er jorden "mellem tidslerne."
Den sæd, der falder mellem tidslerne, kan ikke give frugt, for den bliver kvalt af tidslerne, når de vokser op. Et menneske med et sådant hjerte tror på Guds ord og forsøger at leve efter det. Men han agerer ikke i overensstemmelse med Guds vilje, og følger i stedet kødets lyster. Det ord, der er sået i hans hjerte, vokser i starten, men kvæles af fristelser i form af velstand,

fremgang eller verdslige anliggender, så vedkommende kan ikke bære frugt. Selv om han beder, vil han ikke være i stand til at sætte sin lid til den "usynlige" Gud, og han er derfor hurtig til at foretrække sine egne tanker og metoder. Derfor oplever han heller ikke Guds kraft, for han mærker den ikke i sit eget liv.

Den fjerde type er "god jord."

En troende, der er som god jord, siger "Amen" til alt, der kommer fra Gud, og adlyder med tro uden at inddrage sine egne tanker eller beregninger. Når sæden sås i denne gode jord, vokser den godt og giver udbytte i tredive, tres eller hundrede fold.

Jesus sagde kun "Amen" og var trofast overfor Guds ord (Filipperbrevet 2:5-8). På samme måde vil et individ, som har et hjerte med "god jord" ubetinget være trofast overfor Guds ord og leve ved det. Hvis ordet siger, at han altid skal glæde sig, så glæder han sig under alle omstændigheder. Hvis ordet siger, at han skal bede uden ophør, så beder han konstant. Et menneske, som har denne "gode jord" kan altid kommunikere med Gud, få alt det han beder om, og leve efter Guds vilje.

Men uanset hvilken form for jord vi har i vores hjerter for øjeblikket, så kan vi altid forandre den til god jord. Vi kan pløje den hårde jord op og fjerne stenene, rive tidslerne op og gøde marken.

Så hvordan kultiverer vi hjertets jord, så den bliver god?

For det første må vi tilbede Gud i ånd og sandhed. Vi må give Gud hele vort sind, vores vilje, hengivenhed og styrke, og tilbyde ham vores hjerte i kærlighed. Først da vil vi blive beskyttet fra verdslige tanker, træthed og døsighed, og være i stand til at gøre vores hjerter til god jord ved kraften fra oven.

For det andet må vi kæmpe mod synderne til blodet flyder. Når vi fuldt ud adlyder alle Guds ord, inklusiv befalingerne om at gøre og ikke gøre bestemte ting, vil vores hjerter gradvist forandre sig til god jord. For eksempel kan vi ved hjælp af indtrængende bønner forandre vores hjerter til god jord, når vi opdager misundelse, jalousi, had og lignende.

I den udstrækning vi undersøger jorden i vores hjerte og flittigt kultivere den, vil vores tro vokse og ved Guds kærlighed vil alt gå os godt. Vi må ihærdigt kultivere jorden, for jo mere vi lever ved Guds ord, jo mere vil vores spirituelle tro vokse. Og jo mere den spirituelle tro vokser, jo mere "god jord" kan vi have. Derfor må vi være flittige med at kultivere hjertet.

2. Der må sås forskellige former for sæd

Når jorden er blevet kultiveret, kan bonden begynde at så sæden. Da vi spiser forskellige former for mad af hensyn til vores sundhed, dyrker bonden forskellige planter og frø såsom ris, hvede, grøntsager, bønner og lignende.

Når vi sår overfor Gud, skal vi også så mange forskellige ting.

Den spirituelle "såning" henviser til at adlyde, når Gud fortæller os, at vi skal gøre noget bestemt. For eksempel fortæller Gud os, at vi altid skal glæde os, så vi kan så med vores glæde, når den kommer af håb om himlen. Gud vil fryde sig over denne glæde, og så giver han os det, som vi af hjertet ønsker (Salmernes Bog 37:4). Hvis han fortæller os, at vi skal prædike budskabet, så må vi flittigt udbrede Guds ord. Hvis han siger os, at vi skal elske hinanden, være trofaste, være taknemmelige og bede, så må vi gøre lige præcis det, vi har fået besked på.

Når vi lever ved Guds ord ved at give tiende og holde søgnedagen hellig, så er det også en del af at så overfor Gud. Og det, vi sår, må spire, vokse, blomstre og bære rigelig frugt.

Hvis vi sår sparsomt, modvilligt eller under tvang, så vil Gud ikke tage imod vores anstrengelser. Ligesom bonden sår sin sæd i håb om en god høst til efteråret, må vi også vende blikket mod Gud og have tillid til, at han vil give os tredive-, tres- eller hundredfold tilbage.

Hebræerbrevet 11:6 fortæller os: *"Men uden tro er det umuligt at behage ham; for den, som kommer til Gud, må tro, at han er til og lønner den, som søger ham."* Når vi sætter vores lid til hans ord, retter blikket mod Gud, som lønner og sår overfor ham, kan vi høste rigeligt i denne verden og lægge belønninger på lager i det himmelske rige.

3. Marken må passes med udholdenhed og hengivenhed

Efter at have sået sæden må bonden passe marken med største omhu. Han vander planterne, trækker ukrudt op og fanger skadedyrene. Uden vedholdende anstrengelser vil de planter, der er kommet op af jorden, visne og dø, inden de når at bære frugt. Spirituelt set står "vandet" for Guds ord. Som Jesus fortæller os i Johannesevangeliet 4:14: *"Men den, der drikker det vand, jeg vil give ham, skal aldrig i evighed tørste. Det vand, jeg vil give ham, skal i ham blive en kilde, som vælder med vand til evigt liv."* Vandet symboliserer det evige liv og sandheden. Det at "fange skadedyrene" er at vogte Guds ord, som er plantet i hjertet, og beskytte det mod den fjendtlige djævel. Gennem lovprisning og bøn kan hjertet beskyttes, selv om den fjendtlige djævel forsøger at forstyrre vores markarbejde.

At "trække ukrudt op" er den proces, hvorigennem vi skiller os af med usandheder såsom raseri, had og lignende. Hvis vi beder flittigt og stræber mod at skille os af med raseri og had, trækkes disse følelser op med rod. Når raseriet forsvinder, spirer sagtmodigheden frem, og når vi trækker hadet op med rod, vokser kærligheden frem. Når usandhederne er væk og den forstyrrende djævel er blevet fanget, kan vi vokse som Guds sande børn.

Efter at have sået sæden på marken er det en vigtig del af markarbejdet at vente med udholdenhed til tiden er inde. Hvis bonden begynder at grave i jorden, så snart han har sået sæden for at se, om planterne er på vej op, så vil sæden have svært ved at slå rod. Der kræves både hengivenhed og udholdenhed indtil høsten.

Der er forskel på, hvor lang tid de forskellige planter har brug for til at bære frugt. Meloner kan bære frugt på mindre end et år, mens både æbler og pærer har brug for flere år for at træet kan vokse op. En bonde, som dyrker ginseng, kan i høj grad glæde sig, når der endelig kan høstes efter flere år, for afgrøden har langt højere værdi end en vandmelon, som kun har vokset nogle måneder.

Når vi sår overfor Gud i overensstemmelse med hans ord, kan vi til tider få svar og høste frugten med det samme, men ofte vil der være brug for længere tid. Som der står i Galaterbrevet 6:9: *"Lad os ikke blive trætte af at gøre det, som er ret; vi skal til sin tid høste, blot vi ikke giver op."* Vi må passe vores mark med udholdenhed og hengivenhed, indtil det bliver tid til at høste.

4. Man høster, som man sår

I Johannesevangeliet12:24 fortæller Jesus os: *"Sandelig, sandelig siger jeg jer: Hvis hvedekornet ikke falder til jorden og dør, bliver det kun det ene korn; men hvis det dør, bærer det mange fold."* Retfærdighedens Gud plantede Jesus Kristus, hans enbårne søn, som sonoffer for menneskeheden i overensstemmelse med sin lov, og lod han falde til jorden og dø som et hvedekorn. Gennem sin død bar Jesus frugt i mangefold.

Loven i det spirituelle rige dikterer ligesom naturloven, at man høster, som man sår. Guds lov kan ikke overtrædes. Galaterbrevet 6:7-8 fortæller os tydeligt: *"Far ikke vild! Gud lader sig ikke spotte. Hvad et menneske sår, skal det også høste: Den, der sår i kødet, skal høste fordærv af sit kød, og den, der sår i Ånden, skal høste evigt liv af Ånden."*

Når en bonde sår sæden på marken, kan han høste nogle afgrøder tidligere end andre alt efter slagsen, og derefter kan han igen så. Jo mere bonden sår, og jo flittigere han passer marken, jo større vil høsten være. Det gælder på samme måde i vores forhold til Gud, at vi høster, som vi sår.

Hvis vi sår med bøn og lovprisning, kan vi leve ved Guds ord, fordi sjælen trives ved kraften fra oven. Hvis vi trofast arbejder for Guds rige, vil vi blive fri for alle sygdomme og vi vil få velsignelser for krop og ånd. Hvis vi ihærdigt sår med materielle goder, tiende og offergaver, vil Gud give os endnu større materielle velsignelser, og vi vil blive i stand til at bruge dem til fordel for hans rige og retfærdighed.

Vor Herre, som belønner hver af os i overensstemmelse med det, vi har gjort, fortæller os i Johannesevangeliet 5:29: *"De, der har øvet det gode, [skal gå ud af gravene] for at opstå til liv, men de, der har gjort det onde, for at opstå til dom."* Vi må leve ved Helligånden og øve det gode i vores liv.

Hvis man ikke sår for Helligånden, men for egne lyster, så kan man kun høste ting i denne verden, som efterhånden vil forsvinde. Hvis man måler og dømmer andre, vil man også selv blive målt og dømt i overensstemmelse med Guds ord, som siger:

"Døm ikke, for at I ikke selv skal dømmes. For den dom, I dømmer med, skal I selv dømmes med, og det mål, I måler med, skal I selv få tilmålt med" (Matthæusevangeliet 7:1-2). Gud har tilgivet os alle de synder, vi begik, før vi tog imod Jesus Kristus. Men hvis vi synder, efter at vi har lært sandheden og synden at kende, så vil vi blive straffet, selv om vi bliver tilgivet ved at angre.

Hvis man har sået synd, vil man høste frugten af den og blive udsat for trængsler og lidelser i overensstemmelse med loven i det spirituelle rige.

Da Guds elskede David syndede, sagde Gud til ham: *"Hvorfor har du vist foragt for Herrens ord og gjort, hvad der er ondt i hans øjne?"* og *"Jeg vil lade ulykken ramme dig fra din egen familie"* (Anden Samuelsbog 12:9; 11). Selv om David blev tilgivet sine synder, da han angrede: "Jeg har syndet mod Herren", så ved vi, at Gud ramte det barn, som David fik med Urias' kone (Anden Samuelsbog 12:13-15).

Vi bør leve ved sandheden og gøre det gode; huske på at vi høster, som vi sår; så for Helligånden for at få evigt liv gennem den og altid modtage en overflod af velsignelser fra Gud.

I Bibelen er der mange individer, som behager Gud, og derfor modtager hans velsignelser i overflod. En shunemitisk kvinde, som behandlede profeten Elisa med den største respekt og venlighed, lod ham altid bo i hendes hus, når han var i nærheden. Hun aftalte med sin mand at indrette et gæsteværelse til profeten med en seng, et bord, en stol og en lampe, og derefter tilskyndede

hun Elisa til at besøge dem (Anden Kongebog 4:8-10).
Elisa var bevæget over kvindens hengivenhed. Da han fandt ud af, at hendes mand var gammel, og at de var barnløse, selv om det var kvindens store ønske at få et barn, bad han Gud om at velsigne kvinden til at blive gravid, og Gud lod hende føde sin søn et år senere (Anden Kongebog 4:11-17).

Gud lover os i Salmernes Bog 37:4: *"Find din glæde i Herren, så giver han dig, hvad dit hjerte ønsker."* Den shunemitiske kvinde fik det, som hun af hjertet ønskede, da hun behandlede Guds tjener med omsorg og hengivenhed (Anden Kongebog 4:8-17).

I Apostlenes Gerninger 9:36-40 er der en redegørelse om en kvinde i Joppa ved navn Tabitha. Hun gjorde mange gode gerninger og gav almisser. Da hun blev syg og døde, sendte disciplene bud efter Peter. Han ankom til huset, og enkerne viste ham alle de kjortler og kapper, Tabitha havde lavet, mens hun var hos dem, og de bad for hendes liv. Peter blev dybt bevæget over det, kvinderne fortalte ham, og han bad oprigtigt til Gud. Da han sagde: "Tabitha, stå op!", åbnede hun øjnene og satte sig op. For Tabitha havde sået for Gud ved sine gode gerninger og hjælp til de fattige, så hun blev velsignet ved at få forlænget sit liv.

I Markusevangeliet 12:44 er der en redegørelse om en fattig enke, som gav Gud alt. Jesus, såom betragtede menneskemængden, der ofrede ved templet, sagde til sine disciple: *"For de har alle givet af deres overflod, men hun har givet af sin fattigdom, alt hvad hun havde, alt det, hun havde at leve af."* Jesus roste hende, og det er let at se, at denne kvinde ville få store velsignelser senere i livet.

Ifølge loven i det spirituelle rige vil retfærdighedens Gud lade os høste, som vi sår, og belønne os i overensstemmelse med, hvad vi har gjort hver især. For Gud arbejder i overensstemmelse med hver enkelts tro, tillid og lydighed overfor ordet, og vi må forstå, at vi kan få hvad som helst, vi beder om. Med dette på sinde, lad os hver især undersøge vort hjerte, flittigt kultivere det til god jord, så megen sæd, passe den med udholdenhed og hengivenhed, og få rigelig frugt. Det beder jeg om i vor Herre Jesu Kristi navn!

Kapitel 6

Elias får Guds svar med ild

Derpå sagde Elias til Akab:
"Drag op, spis og drik, for jeg kan høre den susende lyd af regn,"
og Akab gik op for at spise og drikke.
Imens var Elias gået op på toppen af Karmel.
Dér krummede han sig sammen mod jorden
med ansigtet nede mellem knæene og sagde til sin tjener:
"Gå op og se ud mod havet!"
Han gik op og så ud og sagde: "Der er ikke noget at se."
Syv gange sagde Elias: "Gør det igen!"
Syvende gang sagde tjeneren:
"Der er en lille sky, så stor som hånden på et menneske,
på vej op af havet." Elias sagde: "Gå så op og sig til Akab,
at han skal spænde for og køre ned,
for at ikke regnen skal standse ham."
I mellemtiden var himlen blevet sort af skyer,
og det blev et vældigt regnvejr.
Akab steg til vogns og kørte til Jizre'el.

Første Kongebog 18:41-45

Guds kraftfulde tjener Elias bar vidnesbyrd om den levende Gud og han gjorde det muligt for alle de afgudsdyrkende israelitter at angre deres synder, da han bad og fik Guds svar gennem ild. Desuden havde det ikke regnet i 3½ år på grund af Guds vrede mod israelitterne, og det var Elias, der udførte det mirakel at afslutte tørken ved at påkalde en voldsom regn.

Hvis vi tror på den levende Gud, så må vi også få hans svar ligesom Elias, bære vidnesbyrd om ham og forherlige ham.

Lad os undersøge Elias' tro, sådan at vi kan blive Guds velsignede børn, som altid får vor Faders flammende svar. Elias fik Guds svar med ild og så med egne øjne, hvordan hans hjertes ønsker blev opfyldt.

1. Troen hos Elias, Guds tjener

Israelitterne var Guds udvalgte folk, og de burde have tilbedt Gud, men deres konge begyndte at handle ondt i Guds øjne og tilbede afguder. Da Akab blev indsat på tronen, begyndte Israels folk at handle stadig mere ondt, og dette kulminerede i tilbedelse af afguder. På dette tidspunkt fik Guds vrede mod Israel udtryk gennem en 3½ år lang tørke, hvilket var en ulykke for folket. Gud bruge Elias som sin tjener og manifesterede sine gerninger gennem ham.

Gud sagde til Elias: *"Gå hen og træd frem for Akab, for nu vil jeg lade det regne på jorden"* (Første Kongebog 18:1).

Moses, som bragte israelitterne ud af Egypten, var til at begynde med ulydig overfor Gud, da han fik besked på at træde frem for Farao. Og da Samuel fik besked på at salve David, var han også ulydig i starten. Men da Gud sagde til Elias, at han skulle træde frem for Akab, den konge som havde forsøgt at dræbe ham i tre år, adlød profeten ubetinget og udviste dermed den form for tro, som behager Gud.

For Elias troede og adlød alt, som kom fra Gud, og derfor kunne Gud manifestere sin gerning gennem profeten igen og igen. Gud glædede sig over Elias' lydige tro, elskede ham, anerkendte ham som sin tjener, ledsagede ham hvor end han gik, og stod inde for alle hans bestræbelser. Da Gud var garant for Elias' tro, kunne han vække de døde, få Guds svar ved ild, og blive løftet op til himlen af en hvirvelvind. Selv om der kun er én Gud, som sidder på sin himmelske trone, så er han almægtig og kan overse alt i universet. Han lader sin gerning finde sted der, hvor han er. Som vi ser i Markusevangeliet 16:20: *"Men de drog ud og prædikede alle vegne, og Herren virkede med og stadfæstede ordet ved de tegn, som fulgte med."* Når en person og hans tro anerkendes og garanteres af Gud, så ledsages vedkommende af mirakler og svar på bønner, som bevis på hans gerning.

2. Elias fik Guds svar ved ild

Elias' tro var stor, at han var så lydig, at han var værdig til at få Guds anerkendelse, så han kunne frimodigt profetere om den forestående tørke i Israel.

Han sagde til kong Akab: *"Så sandt Herren, Israels Gud, lever, som jeg er i tjeneste hos: Der skal i disse år hverken falde dug eller regn, før jeg befaler det"* (Første Kongebog 17:1).

Gud vidste allerede, at Akab ville stræbe Elias efter livet, fordi han havde profeteret tørken, så han ledte profeten til bækken Kerit og sagde til ham, at han skulle bliver der et stykke tid. Så beordrede han ravnene at bringe Elias brød og kød om morgenen og om aftenen. Da Kerit tørrede ud på grund af den manglende regn, førte Gud Elias til Sarepta, hvor han lod en enke sørge for ham.

Men enkens søn blev syg. Han fik det gradvist værre og værre, og til sidst døde han. Elias råbte til Gud i bøn: *"Herre min Gud, lad livet vende tilbage i drengen"* (Første Kongebog 17:21).

Gud hørte Elias' bøn og bragte drengen tilbage til livet. Gennem denne hændelse beviste Gud, at Elias var et gudeligt menneske, og at Guds ord i hans mund var sandheden (Første Kongebog 17:24).

Folk i vores generation lever i en tid, hvor de ikke tror på Gud, med mindre de ser mirakuløse tegn og undere (Johannesevangeliet 4:48). Vi må hver især væbne os med samme form for tro som Elias for at vidne om den levende Gud og udbrede budskabet med frimodighed.

I det tredje år efter at Elias havde sagt til Akab: "Der skal i disse år hverken falde dug eller regn, får jeg befaler det." sagde Gud til profeten: *"Gå hen og træd frem for Akab, for nu vil jeg lade det regne på jorden"* (Første Kongebog 18:1). Med andre ord kom der ingen regn i Israel i 3½ år. Før Elias trådte frem for Akab anden gang, havde kongen ledt forgæves efter profeten i alle de omkringliggende lande i den tro, at Elias havde været skyld i den 3½ år lange tørke.

Selv om Elias risikerede at blive slået ihjel, så snart han viste sig for Akab, så adlød han frimodigt Guds ord. Da de mødtes, sagde Akab til ham: *"Nå, dér er du, som styrter Israel i ulykke!"* (Første Kongebog 18:17). Dertil svarede Elias: *"Det er ikke mig, der styrter Israel i ulykke, men dig og din fars hus, fordi I har svigtet Herrens befalinger, og fordi du følger Ba'alerne"* (Første Kongebog 18:18). Han viderebragte uden frygt Guds vilje til kongen, og han gik endda endnu videre og sagde til Akab: *"Send nu bud og kald hele Israel sammen hos mig på Karmels bjerg, tillige med de fire hundrede og halvtreds Ba'al-profeter og fine hundrede Ashera-profeter, der har deres plads ved Jezabels bord"* (Første Kongebog 18:19).

For Elias var udmærket klar over, at tørken var kommet over Israel på grund af folkets afgudsdyrkelse, så han indgik i kappestrid med de 850 afgudsprofeter og sagde: *"Den gud, som svarer med ild, han er Gud"* (Første Kongebog 18:24). Elias troede fast på Gud, og han udviste en tro, som gav ham sikkerhed for, at Gud ville svare med ild.

Så sagde han til Ba'al-profeterne: *"Vælg I først jeres tyr, og bring den som offer, for I er jo de mange, og påkald jeres guds navn; men I må ikke sætte ild til"* (Første Kongebog 18:25). Da Ba'als profeter stadig ikke havde fået noget svar ved middagstid, begyndte Elias at håne dem.

Elias troede fast på, at Gud ville svare ham med ild, så han beordrede glad israelitterne at bygge et alter og hælde vand over både brændoffer og brænde. Så bad han til Gud:

> *Svar mig, Herres, svar mig, så dette folk kan erfare, at det er dig, Herre, der er Gud, og at du har vendt deres hjerte* (Første Kongebog 18:37).

Da faldt Herrens ild ned og fortærede brændofferet og brændet og stenene og jorden, ja, selv vandet i renden slikkede den op. Da hele folket så det, kastede de sig ned og sagde: *"Det er Herren, der er Gud! Det er Herren, der er Gud"* (Første Kongebog 18:38-39).

Alt dette var muligt, fordi Elias ikke havde selv den mindste tvivl, da han bad til Gud (Jakobs brev 1:6), og han troede på, at han allerede havde fået det, han bad om (Markusevangeliet 11:24).

Hvorfor beordrede Elias, at der skulle hældes vand ud over brændofferet, før han bad? Fordi der havde været tørke i 3½ år, så der var mangel på vand, og det var det mest værdifulde af de basale nødvendigheder. Elias viste Gud sin tro og gav ham det dyrebareste, han havde, ved at fylde fire store krukker og hælde vandet over brændofferet tre gange i træk (Første Kongebog

18:33-34). Gud elsker en glad giver (Andet Korintherbrev 9:7), så han lod ikke kun Elias høste, som han havde sået, men gav også profeten sit svar med ild og beviste dermed overfor alle israelitterne, at deres Gud levede.

Når vi følger Elias' fodspor og viser Gud vores tro, giver ham det dyrebareste, vi har, og forbereder os på at få hans svar på vores bønner, kan vi vidne om den levende Gud overfor alle mennesker gennem hans flammende svar.

3. Elias påkalder et vældigt regnvejr

Da Elias havde præsenteret israelitterne for den levende Gud gennem hans svar af ild, og fået afgudsdyrkerne til at angre, huskede han på den ed, han havde aflagt overfor Akab: *"Så sandt som Herre, Israels Gud, lever, som jeg er i tjeneste hos: Der skal i disse år hverken falde dug eller regn, før jeg befaler det"* (Første Kongebog 17:1). Han sagde til kongen: *"Drag op, spis og drik, for jeg kan høre den susende lyd af regn"* (Første Kongebog 18:42). Selv gik Elias op på Karmels bjerg. Det gjorde han for at fuldføre Guds ord om at lade det regne på jorden og dermed få svar på sin bøn.

Da han kom op på toppen, krummede han sig sammen mod jorden med ansigtet mellem knæene. Hvorfor bad han på denne måde? Fordi han bad med stor inderlighed.

Gennem denne beskrivelse kan vi forstå, at Elias bad oprigtigt til Gud af hjertets grund. Og han holdt ikke op med at bede,

Elias får Guds svar med ild · 69

før han kunne se Guds svar med egne øjne. Profeten instruerede sin tjener om at se mod havet, og han fortsatte med at bede på denne måde, indtil tjeneren fik øje på en sky på størrelse med et menneskes hånd. Det var mere end nok til at imponere Gud og bevæge hans himmelske trone. Elias påkaldte regn efter 3½ år med tørke, så vi kan forstå, at hans bøn har været ekstremt kraftfuld.

Da Elias fik Guds svar med ild, forkyndte han, at Gud ville arbejde for ham, og han gjorde det samme, da han påkalde regnen. Da tjeneren så en sky på størrelse med et menneskes hånd, sendte profeten besked til Akab: *"Sig til Akab, at han skal spænde for og køre ned, for at ikke regn skal standse ham"* (Første Kongebog 18:44). For Elias havde en tro, hvormed han kunne bekende og forkynde, selv om han ikke kunne se (Hebræerbrevet 11:1). Gud arbejde i overensstemmelse med profetens tro, og snart var himlen sort af skyer, og det blev et vældigt regnvejr (Første Kongebog 18:45).

Vi må tro på den Gud, som gav Elias sit svar i form af ild og en længe ventet regn efter en 3½ år lang tørke. Det er den samme Gud, som driver vores lidelser og prøvelser bort, giver os det, vi ønsker af hjertet, og lader os modtage sine forunderlige velsignelser.

Jeg er sikker på, læserne nu har indset, at det er nødvendigt at vise Gud den form for tro, som vil behage ham, ødelægge syndens mur, som skiller os fra ham og bede ham om alt uden at tvivle.

Dermed kan vi få hans svar ved ild, forherlige ham og opfylde hjertets ønsker.

For det andet må vi bygge vores alter for Gud med glæde, ofre til ham og bede oprigtigt. For det tredje må vi bekende med vores ord, at Gud vil arbejde for os, indtil vi får hans svar. Så vil han glæde sig og besvare vores bønner, sådan at vi kan prise ham af hjertets grund.

Vor Gud besvarer os, når vi beder til ham om problemer, der drejer sig om vores sjæle, børn, helbred, arbejde og andre anliggender, og han lader sig forherlige gennem os. Lad os have en fuldkommen tro ligesom Elias, bede indtil vi får Guds svar, og blive hans velsignede børn, der altid forherliger vores Fader!

Kapitel 7

Hjertets ønsker opfyldes

Find din glæde i Herren,
så giver han dig, hvad dit hjerte ønsker.

Salmernes Bog 37:4

I dag er der mange mennesker, som søge svar på en række forskellige problemer hos den almægtigt Gud. De beder ihærdigt, faster, og bønfalder hele natten om at blive helbredt, genopbygge deres ruinerede forretning, få børn, eller modtage materielle velsignelser. Desværre er der flere mennesker, som ikke er i stand til at få Guds svar og forherlige ham, end dem, som rent faktisk gør det.

Disse mennesker bliver trætte, når de ikke hører fra Gud efter en måned eller to, og de siger: "Gud eksisterer ikke", vender sig bort fra Gud, og begynder at dyrke afguder. Dermed besudler de Guds navn. Hvis et menneske går i kirke, men ikke får Guds kraft og forherliger ham, hvordan kan man så sige, at der er tale om "sand tro"?

Hvis en person har sand tro på Gud, så må han være i stand til at få svar på hjertets ønsker og gennemføre hvad som helst, han vil, i sit liv på denne jord. Men mange mennesker kan ikke opfylde hjertets ønsker, selv om de hævder, at de tror. De skyldes, at de ikke kender sig selv. Lad os undersøge, hvordan vi kan få opfyldt hjertets ønsker, med udgangspunkt i det tekststykke, som dette kapitel er baseret på.

1. Før det første må man undersøge sit hjerte

Ethvert individ må ransage sig selv for at se, om han for alvor tror på den almægtige Gud, eller om han i virkeligheden rummer tvivl, eller måske har et snedigt hjerte, som bare håber på held.

De fleste mennesker tilbeder afguder eller sætter kun deres lid til sig selv, før de møder Jesus Kristus. Men når de kommer ud for større trængsler eller lidelser, indser de, at de ulykker, de kommer ud for, ikke kan løses af hverken afguder eller mennesker. Så begynder de at spekulere nærmere over tilværelsen, og på et tidspunkt hører de om Gud, som kan løse deres problemer, og de ender med at komme til ham.

Men de verdslige mennesker retter ikke blikket mod kraftens Gud. De tænker i stedet med tvivl: "Gad vide, om han ville svare mig, hvis jeg bad?" eller "Nå ja, en bøn kunne måske løse min krise." Den almægtige Gud, som regerer over menneskehedens historie og menneskets liv, død, velsignelse og forbandelse, ransager også menneskets hjerte, så han svarer ikke en person, som har et hjerte fuldt af tvivl (Jakobs Bog 1:6-8).

Hvis man for alvor forsøger at opfylde hjertets ønsker, må man først skille sig af med sin tvivl og sit håb om held, og begynde at tro, at man allerede har fået hvad som helst, man beder om fra den almægtige Gud. Først da vil kraftens Gud skænke sin kærlighed og lade os få det, som vores hjerte ønsker.

2. For det andet må man undersøge sin sikkerhed om frelse og troens tilstand

I nutidens kirke er der mange troende, som har problemer i deres tro. Det er hjerteknusende at se et så overraskende stort antal mennesker, som er på spirituel vandring, men som på grund af deres spirituelle arrogance ikke er i stand til at se, at deres tro bevæger sig i en forkert retning, mens andre mangler sikkerhed om frelse, selv efter mange års liv i Kristus til hans tjeneste. Romerbrevet 10:10 fortæller os: *"For med hjertet tror man til retfærdighed, med munden bekender man til frelse."* Når man åbner hjertets dør og tager imod Jesus Kristus som sin frelser, så gives Helligåndens nåde uden videre fra oven, og man får autoritet som Guds barn. Desuden vil man få sikkerhed om frelse, når man bekender med munden, at Jesus Kristus er vores frelser, og tror af hjertet, at Gud har rejst Jesus fra de døde.

Hvis man ikke er sikker på, om man er frelst eller ej, så er der et problem med troens tilstand. Det skyldes, at hvis man ikke er sikker på, at Gud er ens Fader og at man har opnået borgerskab i himlen og er blevet hans barn, så kan man ikke leve efter Faderens vilje.

Derfor fortæller Jesus os: *"Ikke enhver, som siger: Herre, Herre! til mig, skal komme ind i Himmeriget, men kun den, der gør min himmelske faders vilje"* (Matthæusevangeliet 7:21). Hvis ikke dette forhold mellem Gud Fader og søn (eller datter) er blevet en realitet for den enkelte, så er det naturligt, at vedkommende ikke kan få hans svar. Selv om forholdet er ved at tage form, så kan vedkommende ikke få svar, hvis ikke hans hjerte er tilfredsstillende i Guds øjne.

Men hvis man bliver Guds barn, som har sikkerhed om frelse, og angrer, at man ikke har levet ved Guds vilje, vil han løse alle ens problemer inklusiv sygdom, forretningsvanskeligheder og økonomiske problemer, og han vil arbejde for altings bedste. Hvis man søger Gud på grund af et problem, man har med sit barn, så vil Guds sandheds ord hjælpe til at finde løsninger på ethvert problem, man måtte have i forhold til barnet. Til tider er det barnet, som er skyld i problemet, men langt oftere er det forældrene, som er ansvarlige for problemerne med børnene. Så hvis forældrene omvender sig fra deres fejlagtige væremåde og angrer, i stedet for at skyde skylden på børnene; stræber mod at opdrage deres børn godt og overlader alt til Gud, så vil han give dem visdom og arbejde for altings bedste for både forældre og børn.

Så når man kommer i kirke for at forsøge at få svar på problemer med ens børn, sygdom, økonomi og lignende, så skal man ikke først gå i gang med at faste, bede og bønfalde hele natten, men i stedet ved hjælp af sandheden undersøge, hvad det er, der har blokeret kanalen mellem en selv og Gud. Og så må man angre og omvende sig. Gud vil arbejde for altings bedste, og man vil få Helligåndens vejledning. Men hvis man ikke forsøger at forstå Guds ord og leve ved det, vil man ikke få Guds svar på sine bønner.

Der er mange eksempler på, at folk ikke fuldt ud forstår sandheden, og derfor ikke kan få Guds svar og velsignelser. Så vi må alle sammen lade vores hjertets ønsker opfylde ved at få sikkerhed om frelse og leve ved Guds vilje (Femte Mosebog 28:1-14).

3. For det tredje må man behage Gud med sine gerninger

Når folk anerkender Gud Skaberen og tager imod Jesus Kristus som deres frelser, så vil deres sjæl trives i den udtrækning, de lærer sandheden og bliver oplyst. Desuden vil de til stadighed opdage Guds hjerte og dermed være i stand til at leve et liv, som behager ham. Selv om to-treårige småbørn ikke ved, hvordan de skal glæde deres forældre, så lærer de det i deres ungdom og når de bliver voksne. På samme måde lærer Guds børn at leve ved sandheden, og jo mere de gør det, jo mere glæder de deres Fader.

Bibelen fortæller os igen og igen, hvordan vores forfædre i troen fik svar på deres bønner ved at behage Gud. Hvad gjorde Abraham?

Abraham søgte altid at leve i fred og hellighed (Første Mosebog 13:9), og han tjente Gud af hele sin krop, hjerte og sind (Første Mosebog 18:1-10). Han adlød ham fuldt ud uden at involvere egen tænkning (Hebræerbrevet 11:19; Første Mosebog 22:12), fordi han troede på, at Gud kunne genoplive de døde. Som resultat fik Abraham alle Herrens velsignelser; velsignelsen af børn, velsignelsen af godt helbred, og lignende, dvs. velsignelser på alle livets områder (Første Mosebog 22:16-18, 24:1).

Hvad gjorde Noa for at få Guds velsignelser? Han var retfærdig, skyldfri blandt menneskene i sin generation og han gik med Gud (Første Mosebog 6:9). Da dommen af vand oversvømmede hele verden, var det kun Noa og hans familie, som undgik dommen og opnåede frelse. For Noa gik med Gud, så han kunne følge Guds stemme og forberede den ark, som førte hans familie til frelse.

Da enken Sarepta i Første Kongebog 17:8-16 satte sin lid til Guds tjener Elias under den tre og et halvt år lange tørke i Israel, fik hun ekstraordinære velsignelser. Da hun adlød i tro og tjente Elias med et brød, der var lavet af en håndfuld korn fra krukken og en smule olie fra kanden, velsignede Gud hende og opfyldte de profetiske ord, som sagde: *"Krukken skal ikke blive tom for mel og kanden skal ikke mangle olie, før Herren lader det regne på jorden"* (v. 14).

I Anden Kongebog 4:8-17 læser vi om kvinden i Shunem, som tjente Guds tjener Elisa og behandlede ham med stor omsorg og respekt. Hun fik den velsignede at få en søn. Denne kvinde tjente ikke Guds tjener, fordi hun forventede at få noget igen, men fordi hun oprigtigt elskede Gud af hjertet. Giver det ikke god mening at denne kvinde fik Guds velsignelser?

Det er også let at forstå, at Gud må have glædet sig oprigtigt over den tro, som Daniel og hans venner udviste. Selv om Daniel blev smidt i løvekulen for at have bedt til Gud, så gik han ud af kulen uden nogen skader, fordi han stolede på Gud (Daniels Bog 6:16-23). Selv om Daniels tre venner blev bundet og smidt ind i den flammende ovn, fordi de ikke ville tilbede en afgud, så forherligede de Gud ved at gå ud af ovnen uden at have svedet så meget som et enkelt hår på deres hoveder (Daniels Bog 3:19-26).

Officeren i Matthæusevangeliet 8 glædede Gud med sin store tro og fik derfor også Guds svar. Da han fortalte Jesus, at hans tjener var lammet og led forfærdeligt, tilbød Jesus at tage med til officerens hus for at helbrede tjeneren. Men officeren sagde til Jesus: *"Sig blot et ord, så vil min tjener blive helbredt"* (v. 8). Dermed viste han sin store tro og kærlighed overfor sin tjener, og Jesus roste ham: *"Så stor en tro har jeg ikke fundet hos nogen i Israel"* (v. 10). For man får Guds svar i overensstemmelse med sin tro, og officerens tjener blev helbredt i samme øjeblik. Halleluja!

Og der er mere: I Markusevangeliet 5:25-34 ser vi den store tro hos en kvinde, som havde lidt af blødninger i 12 år. Til trods for mange lægebesøg og store udgifter for at løse problemet, var det kun blevet værre. Da hun hørte om Jesus, troede hun på, at hun ville blive helbredt, hvis bare hun kunne røre hans tøj. Så hun opsøgte Jesus og rørte ved hans kappe, og i samme øjeblik blev hun helbredt.

Hvilken slags hjerte havde officeren Cornelius, som vi læser om i Apostlenes Gerninger 10:1-8, og på hvilke måder tjente han Gud, siden både han – en ikke-jøde – og hele hans familie blev frelst? Vi ser, at Cornelius og hele hans familie var fromme og gudfrygtige, han gav mange almisser og bad bestandigt til Gud.

Cornelius' bønner og almisser var blevet husket af Gud, og da Peter besøgte hans hus for at tilbede Gud, fik alle i Cornelius' husstand Helligånden og begyndte at tale i tunger.

I Apostlenes Gerninger 9:36-42 finder vi en kvinde ved navn Tabitha (hvilket betyder Hind). Hun gjorde mange gode gerninger og hjalp de fattige, men hun blev syg og døde. Da Peter kom på disciplenes opfordring, knælede han og bad, og Tabitha kom tilbage til livet.

Når den levende Guds børn udfører deres pligter og glæder deres Fader, vil han opfylde deres hjertes ønsker og arbejde for det bedste i alle forhold. Når vi for alvor tror på dette faktum, vil vi altid få Guds svar gennem hele vores liv.

Ved møder og samtaler har jeg til tider hørt om folk, som engang har haft stor tro, har tjent kirken og været trofaste, men som har forladt Gud efter en periode med trængsler og lidelser. Når jeg hører om dette, knuses mit hjerte af folks manglende evne til at foretage en skelnen rent spirituelt.

Hvis folk har sand tro, vil de ikke forlade Gud, selv om de bliver udsat for trængsler. Hvis de har spirituel tro, vil de glæde sig, være taknemmelige og bede selv under trængsler og lidelser. De vil ikke bedrage Gud, lade sig friste eller miste deres ståsted i ham. Til tider er folk trofaste i håb om at få velsignelser eller blive anerkendt af andre. Men bønner i tro og bønner i håb om held kan let adskilles gennem deres forskellige resultater. Hvis man beder med spirituel tro, vil bønnen uden tvivl blive ledsaget af gerninger, som behager Gud, og man vil forherlige ham ved at lade hjertets ønsker opfylde et efter et.

Med Bibelen som vejledning har vi undersøgt, hvordan vores forfædre i troen udviste deres tro på Gud, og hvordan de kunne behage ham, sådan at han opfyldte deres hjertes ønsker. For Gud velsigner, som han har lovet, alle de mennesker, som behager ham. Tabitha, som blev bragt tilbage til livet, behagede ham; den barnløse kvinde i Shunem, som blev velsignet med en søn, behagede ham; og kvinden, som blev helbredt efter 12 år med blødninger, behagede ham. Lad os rette blikket mod ham i tro.

Gud siger til os: *"Hvis du kan! Alt er muligt for den, der tror"* (Markusevangeliet 9:23). Når vi tror, at han kan løse ethvert problem, overlader alt til ham inklusiv vanskeligheder med tro, sygdom og økonomi, og sætter vores lid til ham, vil han helt sikkert tage sig af alt for os (Salmernes Bog 37:5).

Må I hver især få opfyldt jeres hjertes ønsker, forherlige Gud og lede velsignede liv ved at behage Gud, som ikke lyver, men som gør det, han har sagt. Det beder jeg om i Jesu Kristi navn!

Forfatteren:
Dr. Jaerock Lee

Dr. Jaerock Lee blev født i Muan, Jeonnam provinsen, i den koreanske republik i 1943. Da han var i tyverne, led han af en række uhelbredelige sygdomme syv år i træk, og ventede på døden uden håb om bedring. En dag i foråret 1974 tog hans søster ham dog med i kirke, og da han knælede for at bede, helbredte den Levende Gud straks alle hans sygdomme.

Fra det øjeblik, hvor Dr. Lee mødte den Levende Gud gennem denne vidunderlige oplevelse, elskede han Gud oprigtigt af hele sit hjerte, og i 1978 blev han kaldet som Guds tjener. Han bad indtrængende om klart at forstå og opfylde Guds vilje, og adlød alle Guds bud. I 1982 grundlagde han Manmin Centralkirke i Seoul, Korea, og siden da har utallige af Guds gerninger fundet sted i denne kirke, inklusiv mirakuløse helbredelser og undere.

I 1986 blev Dr. Lee ordineret som pastor ved den årlige forsamling for Jesu Sungkyul kirke i Korea, og fire år senere i 1990 begyndte hans prædikener at blive udsendt til Australien, Rusland, Filippinerne og mange andre steder gennem det Fjernøstlige Udsendelsesselskab, Asiatisk Udsendelsesstation og Washington Kristne Radio.

Tre år senere i 1993 blev Manmin Centralkirke placeret på Top 50 for kirker over hele verden af magasinet *Christian World* i USA, og Dr. Lee modtog et æresdoktorat i guddommelighed fra Fakulteter for Kristen Tro i Florida, USA, og i 1996 en Ph.D i præsteembede fra Kingsway Teologiske Seminar, Iowa, USA.

Siden 1993 har Dr. Lee været en førende person i verdensmissionen gennem mange oversøiske kampagner i USA, Tanzania, Argentina,

Uganda, Japan, Pakistan, Kenya, Filippinerne, Honduras, Indien, Rusland, Tyskland, Peru, Congo, Israel, og Estland og i 2002 blev han kaldt en "verdensomspændende pastor" af en større kristen avis i Korea på grund af hans mange oversøiske kampagner.

Siden September 2017 har Manmin Centralkirke været en menighed med mere end 130.000 medlemmer. Der er 11.000 inden og udenrigs søsterkirker over hele kloden, og der er indtil videre udsendt mere end 98 missionærer til 26 lande, inklusiv USA, Rusland, Tyskland, Canada, Japan, Kina, Frankrig, Indien, Kenya og mange flere.

Indtil nu har Dr. Lee skrevet 109 bøger, blandt andet bestsellerne *En Smagsprøve på Det Evige Liv før Døden; Mit Liv, Min Tro (I) & (II); Budskabet fra Korset; Målet af Tro; Himlen I & II; Helvede* og *Guds Kraft* og hans værker er blevet oversat til mere end 75 sprog.

Hans kristne artikler er udsendt i *Hankook Ilbo, JoongAng Daily, Dong-A Ilbo, Chosun Ilbo, Hankyoreh Shinmun, Seoul Shinmun, Kyunghyang Shinmun, The Korea Economic Daily, Shisa News* og *The Christian Press.*

Dr. Lee er for øjeblikket leder af mange missionsorganisationer og foreninger, blandt andet bestyrelsesformand for Jesus Kristus Forenede Hellighedskirke, Grundlægger og bestyrelsesformand for det Globale Kristne Netværk (GCN), Grundlægger og Bestyrelsesformand for Verdensnetværket af Kristne Læger (WCDN) og Grundlægger og Bestyrelsesformand for Manmin Internationale Seminar (MIS).

Andre stærke bøger af samme forfatter

Himlen I & II

En detaljeret skitse af det prægtige liv som de himmelske borgere vil nyde, og en beskrivelse af forskellige niveauer af himmelske riger.

Budskabet fra Korset

En stærk vækkelsesbesked til alle menneske, som sover i spirituel forstand. I denne bog vil du se årsagen til, at Jesus er den eneste Frelser, og fornemme Guds sande kærlighed.

Helvede

En indtrængende besked til hele menneskeheden fra Gud, som ikke ønsker at en eneste sjæl skal falde i helvedes dyb! Du vil opdage en redegørelse, som aldrig før er blevet offentliggjort, over de barske realiteter i Hades og helvede.

Ånd, Sjæl og Krop I & II

Gennem en åndelig forståelse af ånd, sjæl og krop, som er menneskets komponenter, kan læserne få indblik i deres "selv" og opnå indsigt i selve livet. Denne bog viser læserne genvejen til at deltage i den guddommelige natur og få alle de velsignelser, som Gud har lovet.

Målet af Tro

Hvilken slags himmelsk bolig og hvilken slags krans og belønninger er blevet gjort klar i himlen? Denne bog giver visdom og vejledning til at måle sin tro, og kultivere den bedste og mest modne tro.

Vågn op, Israel

Hvorfor har Gud holdt øje med Israel fra verdens begyndelse indtil nu? Hvad er hans forsyn for de sidste dage for Israel, som venter på Messias?

Mit Liv, Min Tro I & II

En velduftende spirituel aroma, som er et ekstrakt af den uforlignelige kærlighed til Gud, som blomstrede op midt i mørke bølger, under det tungeste åg og i den dybeste fortvivlelse.

Guds Kraft

En essentiel vejledning, hvorved man kan opnå sand tro og opleve Guds forunderlige kraft. En bog, som må læses.

www.urimbooks.com

www.ingramcontent.com/pod-product-compliance
Lightning Source LLC
LaVergne TN
LVHW012031060526
838201LV00061B/4550